SCHWIMM SCHULE

Ein Kurs mit Arbeitsblättern
und
vielen Bildern

Jackie Brookes und Joan Bunday

Verlag an der Ruhr

Impressum

Titel:	**Schwimm-Schule**
	Ein Kurs mit Arbeitsblättern und vielen Bildern
	Die Ausgabe entstand mit freundlicher Genehmigung
	von Folens Limited
Titel der Originalausgabe:	**Swimming**
	© Folens Limited, Dunstable and Dublin
Autorinnen:	Jackie Brookes, Joan Bunday
Aus dem Englischen übersetzt von:	Ulla Tigges
Illustrationen:	Cathrine Ward – Simon Girling Associates
Druck:	Druckerei Uwe Nolte, Iserlohn
Verlag:	**Verlag an der Ruhr**

Postfach 10 22 51, 45422 Mülheim an der Ruhr
Alexanderstraße 54, 45472 Mülheim an der Ruhr
Tel. 02 08/439 54 50, Fax 02 08/439 54 39
E-Mail: info@verlagruhr.de
www.verlagruhr.de

ISBN 3-86072-643-9
© Verlag an der Ruhr 2001

*Die Schreibweise der Texte folgt der
reformierten Rechtschreibung.*

Gedruckt auf chlorfrei gebleichtes Papier.

Inhaltsverzeichnis

6 ...... Über das Buch

7 ...... Einführung

8 ...... Sicherheit und Hygiene

9 ...... Immer und niemals

10 ...... Material für den Trainer

11 ...... Schwimmhilfen und Material

12 ...... Bild- und Wortkarten

13 ...... Bild- und Wortkarten

Mit dem Wasser vertraut werden

14 ...... Sicherer Ein- und Ausstieg

15 ...... Mit dem Wasser vertraut werden

16 ...... Im Wasser gehen

17 ...... „Sessel-Haltung" und „Brummkreisel"

18 ...... Gleitender Stern: Brustlage

19 ...... Aus der Brustlage wieder
       auf die Füße kommen

20 ...... Gleitender Stern: Rückenlage

21 ...... Aus der Rückenlage wieder
       auf die Füße kommen

22 ...... Abstoßen und gleiten: Brustlage

23 ...... Abstoßen und gleiten: Rückenlage

24 ...... Sich durch das Wasser bewegen: Brustlage

25 ...... Sich durch das Wasser bewegen: Rückenlage

26 ...... Das Gesicht ins Wasser tauchen

Entwicklung der Schwimmtechniken

27 ...... Gleitübung: nach hinten und zur Seite rollen

28 ...... Schwimmender Ball

29 ...... Vorwärts paddeln: Beinbewegung

30 ...... Vorwärts paddeln: Armbewegung

31 ...... Rückwärts paddeln: Beinbewegung

32 ...... Rückwärts paddeln: Armbewegung

33 ...... Rückwärts paddeln: Handbewegung

34 ...... Mit Armen und Beinen gleichzeitig kreisen

35 ...... Tauchen

36 ...... Ruderbewegungen im Kreis

Verbesserung der Schwimmtechniken und Koordination

37 ...... Rückenkraul: Körperhaltung
       und Beinbewegung

38 ...... Rückenkraul: Armbewegung

39 ...... Rückenkraul: Koordination von Atmung
       und Bewegungsablauf

40 ...... Brustschwimmen: Körperhaltung
       und Beinbewegung

41 ...... Brustschwimmen: Armbewegung

42 ...... Brustschwimmen: Koordination von Atmung
       und Bewegungsablauf

43 ...... Vorwärtskraul: Körperhaltung
       und Beinbewegung

44 ...... Vorwärtskraul: Armbewegung

45 ...... Vorwärtskraul: Koordination von Atmung
       und Bewegungsablauf

46 ...... Ruderbewegungen vorwärts
       und auf der Stelle

47 ...... Wassertreten

48 ...... Tieferes Tauchen mit den Füßen voran

49 ...... Tieferes Tauchen mit dem Kopf voran

50 ...... Schwimmplan für Schüler

51 ...... Schülerplan

52 ...... Anhang: Literaturhinweise
       und Internetadressen

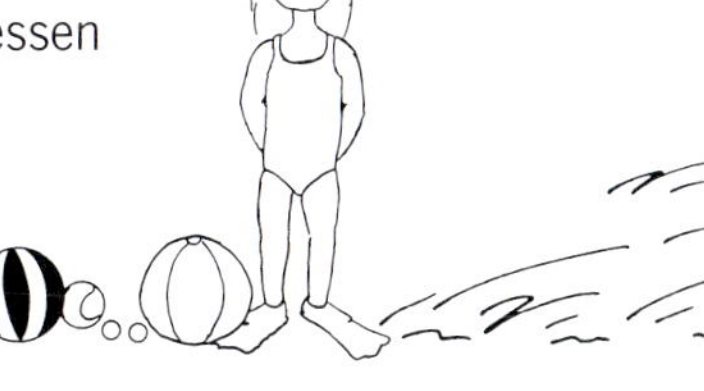

Über das Buch

Die „Schwimm-Schule" stellt Ihnen gebrauchsfertige Unterrichtsentwürfe zur Verfügung, die Sie als komplette Arbeitseinheiten nutzen können. Um die entsprechenden Seiten auch am Beckenrand zur Hand zu haben, können Sie diese kopieren und in Klarsichthüllen aufbewahren bzw. laminieren.

Spezielle Informationen über Sicherheit im Wasser können Sie beim Deutschen Schwimm-Verband (s. S. 52) oder bei Schwimmvereinen in Ihrer Nähe erfragen.

Der vorliegende Leitfaden ist in drei Hauptabschnitte gegliedert.

Übung für
das flache Wasser

Mit dem Wasser vertraut werden – S. 14–26

Jede Aufgabe ergibt sich direkt aus der vorangegangenen Übung, sodass sie den jeweiligen Fähigkeiten der Kinder entspricht. Die meisten Kinder werden schon in diesem frühen Stadium des Lernens Erfolgserlebnisse verbuchen können.

Da alle Übungen im **flachen Wasser** stattfinden sollten, empfiehlt es sich auf Schwimmflügel zu verzichten. Diese täuschen die Schwimmfähigkeit nur vor.

Es bleibt Ihnen als Lehrer* bzw. Trainer überlassen, zu bestimmen, welche Reihenfolge der Aufgaben sich für einzelne Kinder am besten eignet.

Entwicklung der Schwimmtechniken – S. 27–36

Mit den verschiedenen Übungen sollen nicht nur die jeweiligen Schwimmtechniken und die entsprechenden Schwimmzüge entwickelt und trainiert werden, sondern die Kinder sollen zudem in ihrem Vertrauen in ihre eigenen Fähigkeiten gestärkt werden.

Verbesserung der Schwimmtechniken und Koordination – S. 37–51

Jeder Schwimmzug besteht aus fünf Elementen: Beinbewegung, Armbewegung, Körperhaltung, Atmung und Koordination von Atmung und Bewegungsablauf.

Es empfiehlt sich, im Schwimmunterricht unterschiedliche Schwimmzüge und Techniken zu berücksichtigen.

Die Übungsseiten

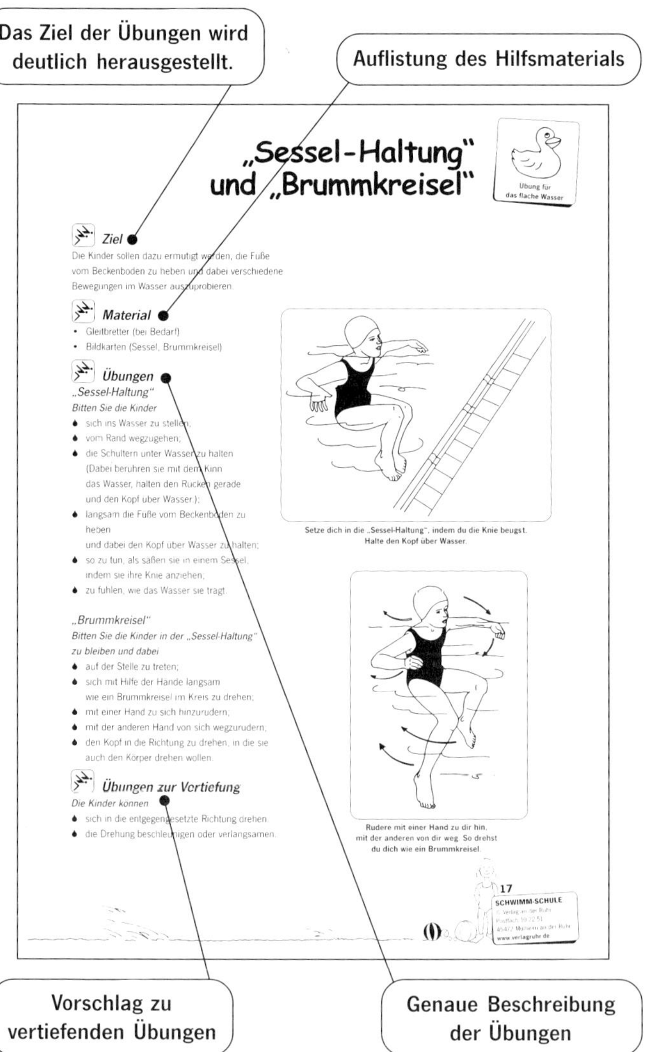

SCHWIMM-SCHULE
© Verlag an der Ruhr
Postfach 10 22 51
45472 Mülheim an der Ruhr
www.verlagruhr.de

Einführung

Wozu überhaupt schwimmen lernen?

Schwimmen ist eine Fähigkeit, die die Kinder ihr ganzes Leben lang brauchen werden.
Es gibt viele Gründe, warum wir schwimmen:

 **Um zu überleben,**

 **für die Fitness,**

 **für Gesundheit und Wohlbefinden,**

 **als Hobby/Freizeitbeschäftigung,**

 **als Therapie – z.B. für Opfer eines Schlaganfalls oder Unfalls, oder auch für Menschen mit einer Behinderung,**

 **im Wettkampf,**

 **einfach zum Spaß.**

*Es gibt keine Einschränkungen,
was Alter oder Können betrifft.*
Schwimmschüler aller Altersstufen mit ganz unterschiedlichem Leistungsstand haben Spaß am gemeinsamen Schwimmunterricht.
Viele Vereine haben sich auf solche Leistungsunterschiede innerhalb einer Gruppe eingestellt (z.B. auch auf die Integration von Behinderten).

Philosophie und Praxis

- Schwimmunterricht benötigt immer einen positiven, aktiven, pädagogischen Ansatz und soll Spaß machen.

- Wie in diesem Buch gezeigt wird, sollten die Übungsstunden aufeinander aufbauen und so strukturiert sein, dass sie den unterschiedlichen Bedürfnissen der Kinder gerecht werden.

- Bereiten Sie die Schwimmstunden sorgfältig vor und setzen Sie visuelle Hilfen (Bildkarten) und evtl. Schwimmhilfen sinnvoll ein.

- Festigen Sie eine Technik oder einen Stil, indem Sie die Übungen mit Hilfe verschiedener Strategien wiederholen.

- Sorgen Sie dafür, dass Sie in jedem Augenblick die Kontrolle über den Schwimmunterricht behalten.

- Insbesondere in den ersten Stunden sollten Sie sich nicht zu technisch ausdrücken.

- Sicherheit ist zu jedem Zeitpunkt äußerst wichtig. Ermutigen Sie die Kinder schon zu Beginn darin, Verantwortung für ihre eigene Sicherheit und die Sicherheit der anderen zu übernehmen.

- Wenn Sie einen Schwimmzug vom Beckenrand aus demonstrieren, sollten Sie darauf achten, dass er technisch korrekt ist.

- Den Kindern sollte es Spaß machen, schwimmen zu lernen. Ebensolchen Spaß sollte aber auch der Trainer am Unterricht haben.

- Am Ende einer guten Übungsstunde werden die Kinder keine Lust haben aus dem Wasser zu kommen.

SCHWIMM-SCHULE
© Verlag an der Ruhr
Postfach 10 22 51
45472 Mülheim an der Ruhr
www.verlagruhr.de

Sicherheit und Hygiene

Vor dem Schwimmen

Die Kinder sollten:

- ihre Badesachen anziehen;
- sich die Nase putzen;
- Badekappen aufsetzen
  (falls dies im Schwimmbad
  verlangt wird);
- noch einmal zur Toilette gehen;
- duschen.

Während des Schwimmens

Die Kinder sollten:

- den sicheren Einstieg ins Becken
  üben (S. 14);
- auf Notsignale reagieren
  und sich an die geregelten
  Abläufe halten, die sie vorher
  für den Schwimmunterricht
  geübt haben.

Nach dem Schwimmen

Die Kinder sollten:

- den sicheren Ausstieg
  aus dem Becken üben (S. 14);
- duschen;
- Haare und besonders auch Ohren
  und Füße trocknen;
- die Badesachen auswringen;
- warme Kleidung anziehen.

*Bevor Sie mit den Kindern zum Schwimmbecken
gehen, ist es wichtig, folgende Punkte zu überprüfen:*

- Inwieweit Sie sich mit den allgemeinen Sicherheits-
  vorschriften des Schwimmunterrichts vertraut
  gemacht haben (nähere Infos unter
  www.unfallkassen.de).
- Inwieweit sind die Kinder schon mit Wasser vertraut
  und welche Fähigkeiten sind allgemein vorhanden?
- Wie groß ist die Gruppe?
- Haben Sie schon Kontakt mit dem Schwimmmeister
  aufgenommen?
- Wie viel Platz steht Ihnen im Schwimmbecken
  zur Verfügung?
- Wassertiefe und -temperatur. Die Wassertemperatur
  sollte bei etwa 27 °C liegen, die Lufttemperatur
  etwa 1 Grad höher.
- Wie viel Platz steht Ihnen außerhalb
  des Schwimmbeckens zur Verfügung?
- Welches Übungsmaterial ist vorhanden?
- Die allgemeine Akustik im Becken in
  der Schwimmhalle.
- Kennen alle Kinder die allgemeinen Sicherheits-
  regeln und haben sie sie verstanden?
- Wo befindet sich die Erste-Hilfe-Ausrüstung?
- Wo befindet sich das nächste Telefon?

Die Kinder sollten nicht schwimmen mit

- Infektionen oder Fußpilz;
- offenen Wunden;
- Husten und Erkältungen;
- Augeninfektionen;
- Mittelohrentzündungen.

Damit die Kinder Vertrau-
en gewinnen, sollten Sie
sie ermutigen im Wasser
die Augen offen zu halten
und auf Schwimmbrillen
zu verzichten.
Zeigen Sie Kindern,
die aus medizinischen
Gründen eine Schwimm-
brille tragen müssen,
wie sie diese richtig
aufsetzen und anpassen.

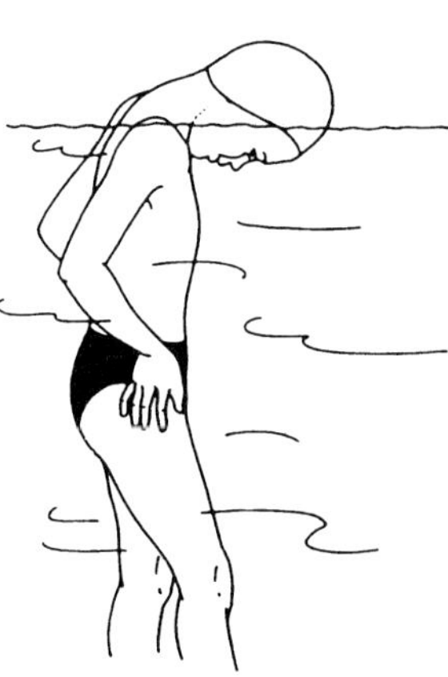

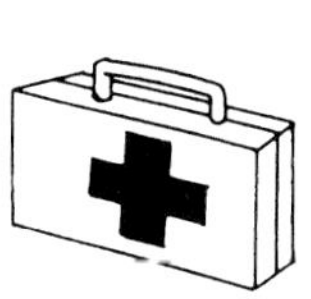
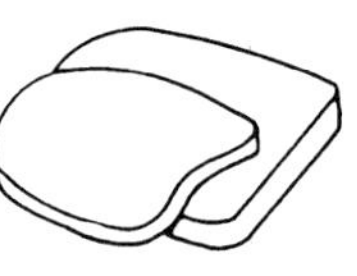

Immer und niemals

Sie sollten immer ...

- auf Kinder mit gesundheitlichen Problemen oder Behinderungen achten. Möglicherweise ist ein Gespräch mit dem behandelnden Arzt bzw. besondere Beobachtung erforderlich;
- regelmäßig die Gruppe durchzählen;
- Strategien entwickeln, mit deren Hilfe Sie die Kinder aus Ihrer Gruppe auch dann leicht identifizieren können, wenn das Becken von mehreren Gruppen belegt ist;
- eine Trillerpfeife für den Notfall bei sich tragen;
- den Kindern eine Stunde oder mehr Zeit zwischen einer Mahlzeit und dem Schwimmen lassen;
- dafür sorgen, dass jüngere Kinder nur im flachen Wasser ihre Schwimmübungen machen.

Sie sollten niemals ...

- die Kinder ins Becken gehen lassen, bevor sie ausdrücklich von Ihnen dazu aufgefordert worden sind;
- mit dem Rücken zum Becken stehen;
- die Kinder Kopfsprünge in Wasser machen lassen, das weniger als 1,8 m tief ist;
- unbeaufsichtigtes Schwimmen erlauben. Auch wenn die Kinder im Becken frei „planschen" dürfen, müssen sie ständig beaufsichtigt werden;
- erlauben, dass die Kinder im Wasser Kaugummi kauen oder sonst etwas essen.

Machen Sie sparsamen Gebrauch von der Trillerpfeife.

Ein einzelner längerer Pfeifton kann z.B. bedeuten: **„Stopp. Hersehen und zuhören!"**

Benutzen Sie ein anderes Signal (z.B. zwei kurze Pfeiftöne hintereinander), wenn die Kinder aus dem Wasser kommen sollen. Mit Hilfe von Bahnbegrenzungsleinen können Sie das Becken in verschiedene Bereiche einteilen, in denen die Kinder verschiedene Übungen machen können. Oder Sie können mit den Leinen die Grenze zwischen flachem und tiefem Wasser markieren. So garantieren Sie die Sicherheit der schwächeren Schwimmer bzw. der Nichtschwimmer.

Bevor Sie mit den Kindern ins Schwimmbad gehen, sollten Sie sich die Bestimmungen für den Schwimmunterricht auf folgende Punkte hin ansehen:

- Qualifikation/Anforderungen an den Lehrer/Trainer
- empfohlene Zahl an Kindern, die sich im Becken aufhalten dürfen und zahlenmäßiges Verhältnis von Schwimmschülern und notwendigen Aufsichtspersonen
- das Tragen von Schmuck
- kulturell bedingte Rücksichtsmaßnahmen
- Sprung und Tauchübungen
- Tragen von Badekappen und Taucherbrillen
- Umgang mit Kindern, die unter besonderen Gesundheitsproblemen leiden, wie z.B. Epilepsie oder Asthma
- Umgang mit Kindern, die besondere pädagogische Betreuung benötigen
- Vorgehen in Notfällen

SCHWIMM-SCHULE
© Verlag an der Ruhr
Postfach 10 22 51
45472 Mülheim an der Ruhr
www.verlagruhr.de

Material für den Trainer

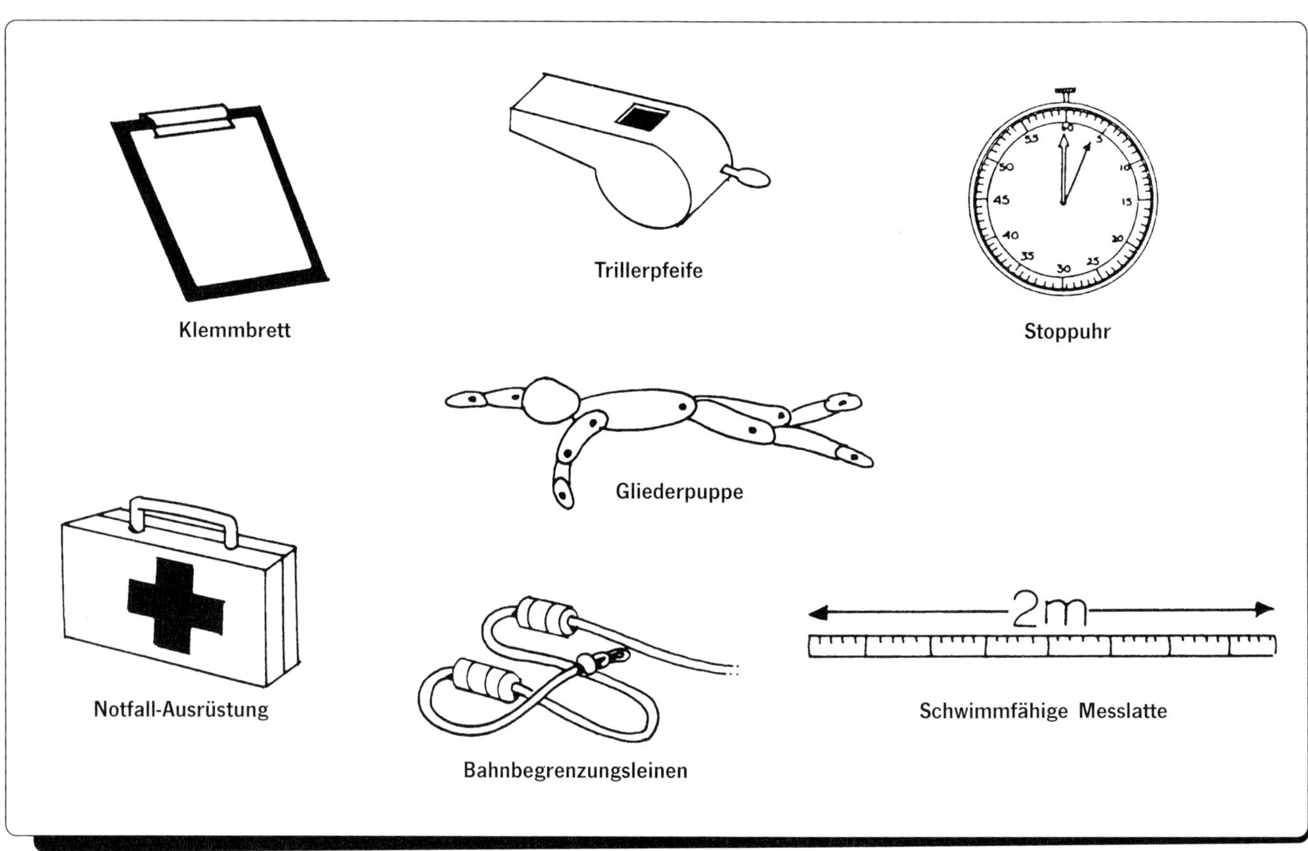

♦ *Die **Notfall-Ausrüstung** sollte einen Erste-Hilfe-Koffer enthalten.*

♦ *Die **Gliederpuppe** ist ein zweidimensionales Modell mit beweglichen Gelenken, mit dessen Hilfe sich die Körperhaltung bei bestimmten Schwimmzügen demonstrieren lässt.*

♦ *Mit der **Messlatte** können Sie einem Kind helfen sich in tieferes Wasser zu trauen.*

Schwimmhilfen und Material

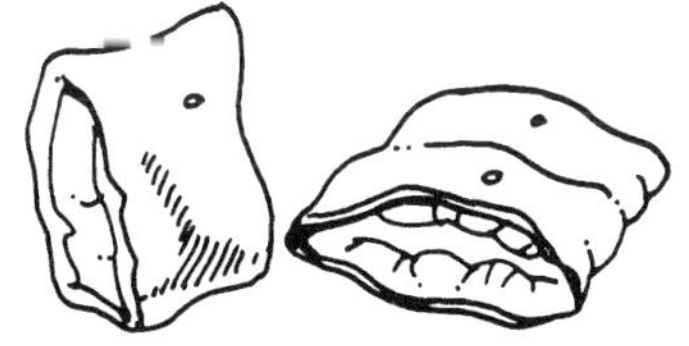

Schwimmflügel (in der passenden Größe)
oder sogenannte Delfin-Schwimmscheiben
(mehrere Scheiben werden einzeln
über die Arme gezogen und können
dementsprechend auch einzeln wieder
entfernt werden)

Schwimmkragen

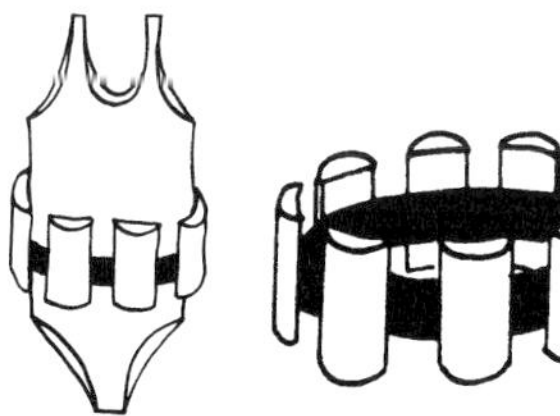

Schwimmgürtel oder Schwimmkissen
(beide bieten den Vorteil, dass die Kinder
Arme und Beine frei bewegen können)

Bälle (in allen Größen,
auch saubere Tennisbälle)

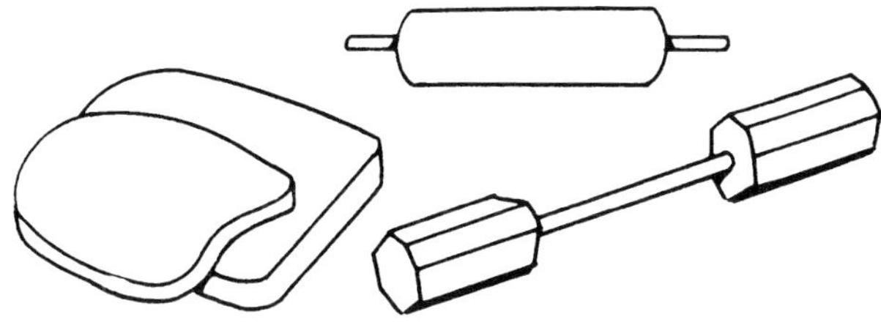

Gleitbrett oder „Schwimmnudel"
(zum Training der Beinbewegung)

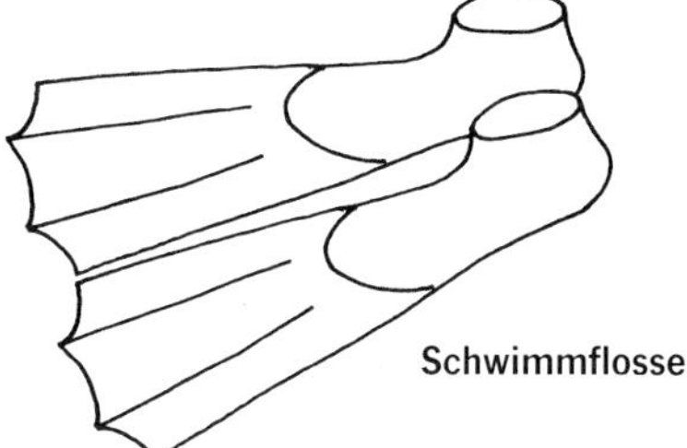

Schwimmflossen

„Egg Flips" oder ersatzweise
Tischtennisbälle (die Kinder
können sie z.B. beim Schwimmen
vor sich her pusten)

Tauchgegenstände (Wurfring,
bunte Plastikringe, große und
kleine Tauchreifen, Hula-Hoop-Reifen)

- *Schwimmhilfen täuschen die Schwimmfähigkeit vor. **Sie retten nicht vor dem Ertrinken** und dürfen daher nur unter strenger Aufsicht verwendet werden.*

- *Gleitbretter (bzw. „Schwimmnudeln") dienen vor allem der Entwicklung der Beinbewegung. In Kombination mit anderen Schwimmhilfen geben sie den noch ängstlichen Schwimmanfängern zusätzliche Unterstützung.*

Bild- und Wortkarten

Kopieren bzw. zeichnen Sie die auf dieser und der nächsten Seite
abgebildeten Symbole auf DIN-A4- oder sogar auf DIN-A3-Papier.
Wenn Sie die Blätter anschließend laminieren,
können Sie sie am Beckenrand verwenden.

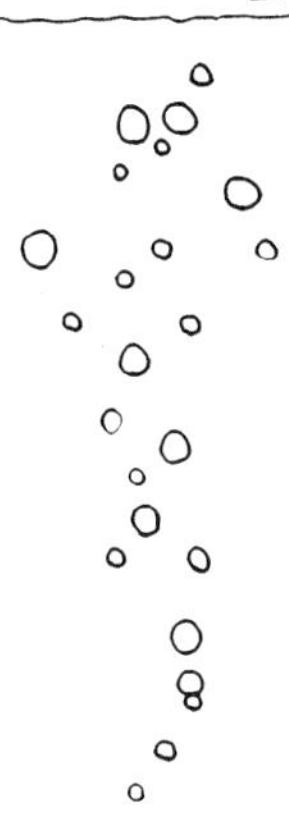

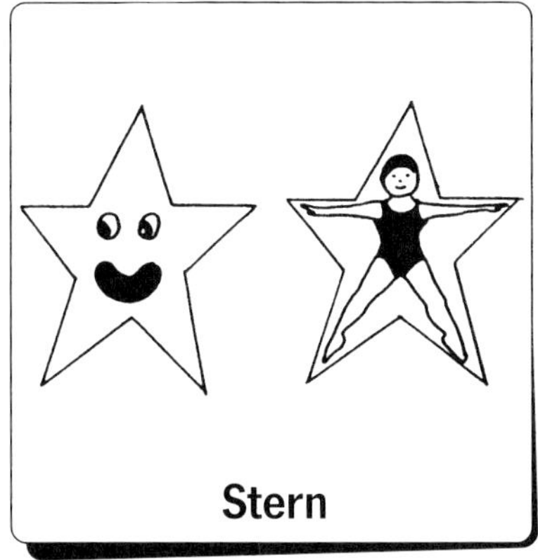

Stern

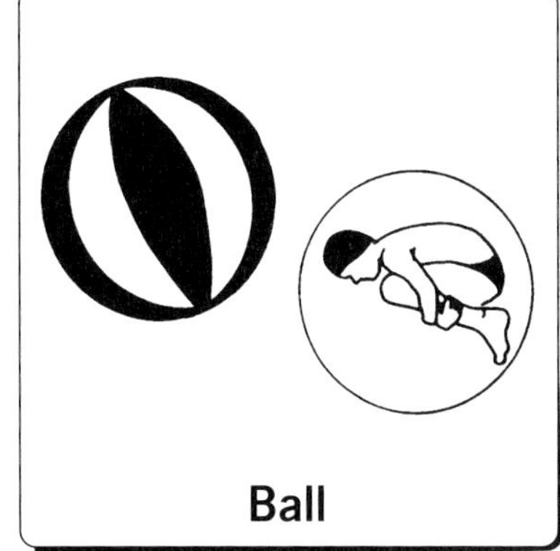

Ball

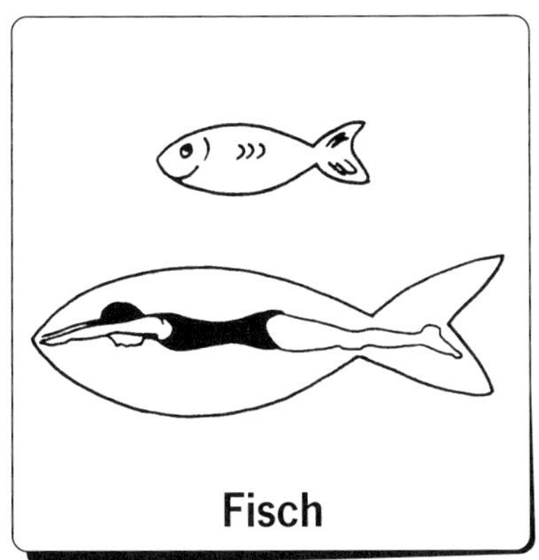

Fisch

Sessel

Motorboot

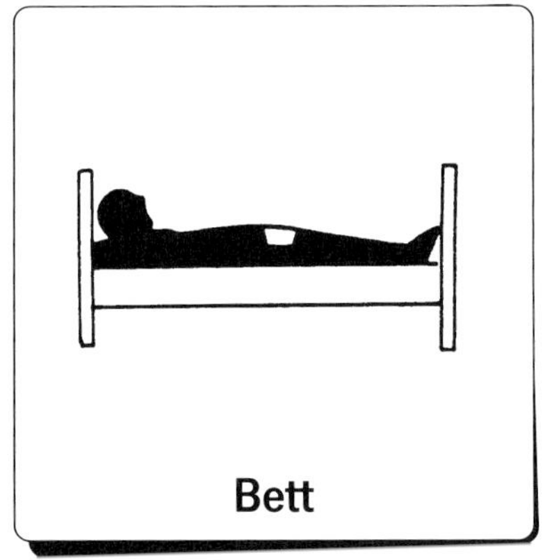

Bett

Flugzeug

Brummkreisel

Clown

SCHWIMM-SCHULE
© Verlag an der Ruhr
Postfach 10 22 51
45472 Mülheim an der Ruhr
www.verlagruhr.de

Bild- und Wortkarten

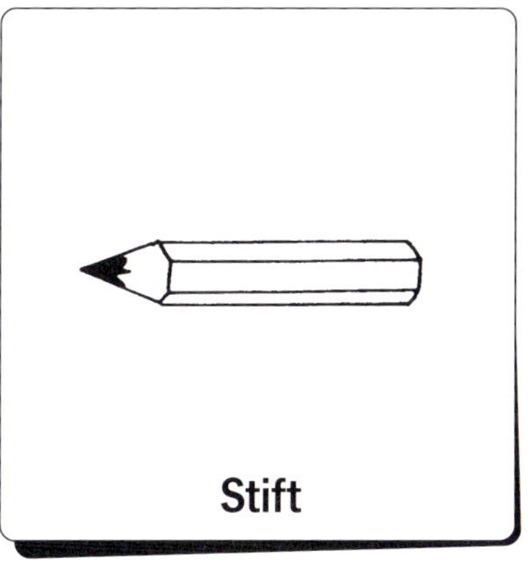

Stift

Pfeil

Frosch

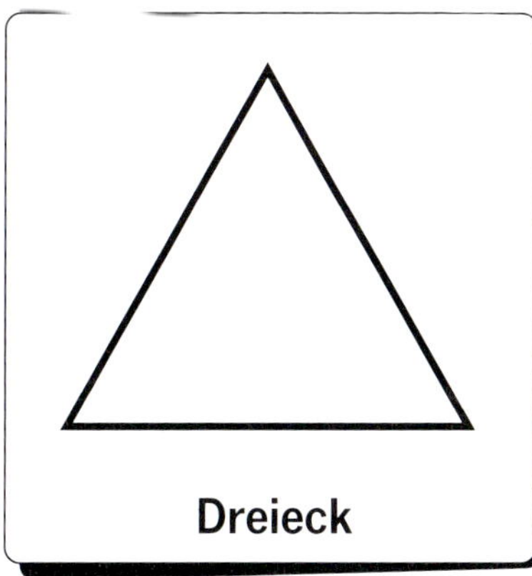

Dreieck

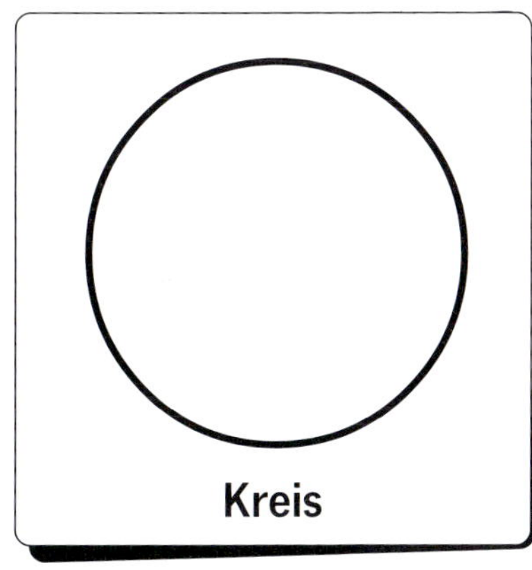

Kreis

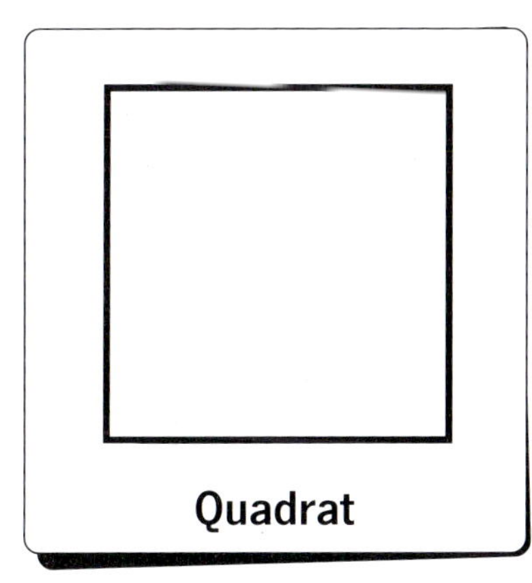

Quadrat

OMA

HUND

NASE

Akustische Hilfen

Musik

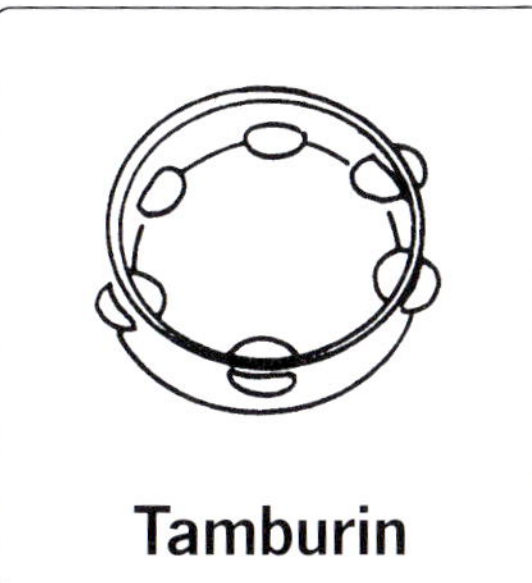

Tamburin

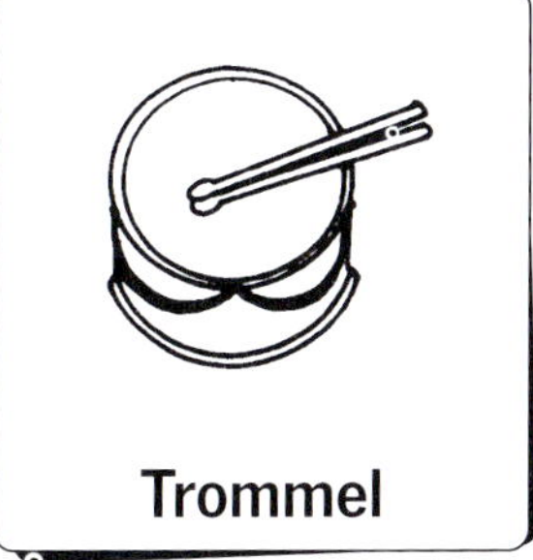

Trommel

Sicherer Ein- und Ausstieg

 ## Ziel

Die Kinder sollen lernen, wie sie sicher
ins Becken hinein- und wieder herauskommen.

 ## Übungen

Sicher ins Wasser steigen

über die Leiter:

- Die Kinder steigen mit dem Rücken
  zum Wasser ins Becken.

vom Beckenrand aus:

- Die Kinder setzen sich auf den Rand
  (mit dem Gesicht zum Wasser) und lassen
  die Beine herunterbaumeln;

- Sie setzen beide Hände an jeder Körperseite
  auf den Rand, stützen sich mit den Händen
  gut ab, drehen sich um und lassen sich
  langsam ins Wasser gleiten.

Sicher hinaussteigen

über die Leiter:

- Die Kinder klettern mit dem Rücken
  zum Wasser hinaus.

über den Beckenrand:

- Sie stellen sich mit dem Gesicht
  zur Wand ins Wasser;

- legen beide Hände oben auf den Beckenrand;

- zählen bis „drei", springen auf „drei" hoch
  und stützen ihr Gewicht mit den Armen ab;

- sie drehen sich um und setzen sich
  auf den Beckenrand;

- schwingen die Beine zur Seite,
  setzen nacheinander die Füße auf
  den Beckenrand und steigen
  über den Beckenrand aus.

Sicherer Ein- und Ausstieg
über die Leiter.

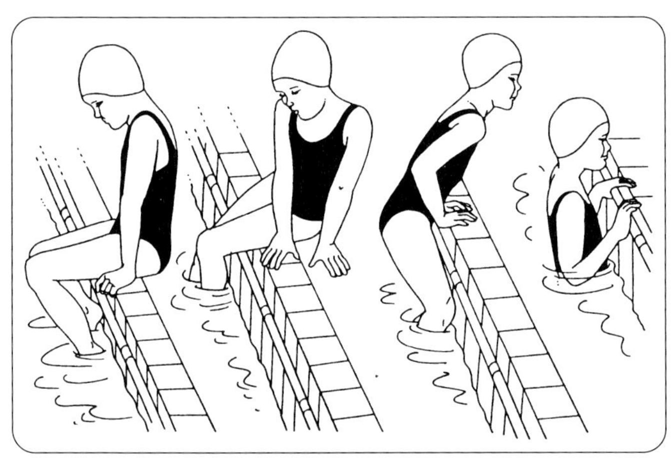

Sicher über den Beckenrand einsteigen.

Sicher über den Beckenrand hinausklettern.

SCHWIMM-SCHULE
© Verlag an der Ruhr
Postfach 10 22 51
45472 Mülheim an der Ruhr
www.verlagruhr.de

Mit dem Wasser vertraut werden

 ## Ziel

Die Kinder sollen sich mit dem Gefühl vertraut machen, Wasser ins Gesicht zu bekommen und so evtl. Angst vor dem Wasser abbauen.

 ## Material

- Bild- bzw. Wortkarten (z.B. mit Dreiecken, Kreisen, Quadraten, einfachen Wörtern, *s. S. 13*)

 ## Übungen

„Gesicht waschen"

- Bitten Sie die Kinder sich an die Beckenwand zu stellen und so zu tun, als würden sie sich das Gesicht waschen.

„Regenmacher"

- Die Kinder stellen sich ins Wasser;
- sie tun so, als würden sie es regnen lassen, indem sie sich Wasser über den Kopf spritzen.

Mit den Lippen Blasen ins Wasser pusten

- Die Kinder stehen aufrecht und beugen das Gesicht zur Wasseroberfläche;
- sie berühren mit den Lippen das Wasser und pusten vorsichtig.

 ## Übungen zur Vertiefung

Die Kinder können

- sich während der oben genannten Übungen langsam von der Beckenwand wegbewegen.
- mit der Nase ihren Namen ins Wasser „schreiben".
- beim Blasenmachen das ganze Gesicht ins Wasser tauchen.

Zeigen Sie

- die Bildkarten mit den Mustern bzw. Formen, die die Kinder mit ihrer Nase ins Wasser „malen" können.
- die Wortkarten. Bitten Sie die Kinder diese Wörter mit der Nase zu „schreiben".

„Gesicht waschen"

„Regenmacher"

Mit den Lippen Blasen
ins Wasser pusten.

SCHWIMM-SCHULE
© Verlag an der Ruhr
Postfach 10 22 51
45472 Mülheim an der Ruhr
www.verlagruhr.de

Im Wasser gehen

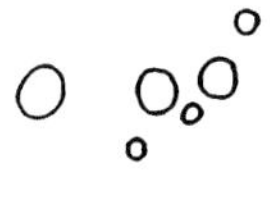

 Ziel

Beim Gehen im Wasser sollen die Kinder ihre Stand-
sicherheit und ihren Gleichgewichtssinn trainieren.

 Material

- selbst erstellte Bildkarten (Skier, Seelöwe)
- Tischtennisbälle oder andere
  schwimmende Gegenstände

 Übungen

„Ski fahren"

Bitten Sie die Kinder

- sich ins Wasser zu stellen und so zu tun,
  als wären sie Skifahrer;
- die Arme nach vorne zu strecken und
  die Schultern dabei unter Wasser zu halten;
- das Kinn nach unten zu drücken,
  bis es das Wasser berührt;
- sich vorwärts zu bewegen, indem sie mit den Füßen
  Schritt für Schritt über den Boden gleiten.

„Seelöwe"

Bitten Sie die Kinder

- sich genau so zu bewegen wie beim Ski fahren,
  dabei aber mit den Lippen Blasen
  ins Wasser zu pusten;
- zu prusten wie ein Seelöwe.

 Übungen zur Vertiefung

Die Kinder können

- die Richtung wechseln.
- sich rückwärts vom Beckenrand weg bewegen.
- seitwärts gehen.
- Tischtennisbälle oder ähnliche schwimmende
  Gegenstände über die Wasseroberfläche pusten.
- beim Vorwärtsgehen schwimmende Gegenstände
  vor sich herschieben (mit der Nase, dem Kinn
  oder der Stirn).
- verschiedene Gangarten ausprobieren
  (gehen, laufen, hüpfen, springen etc.)

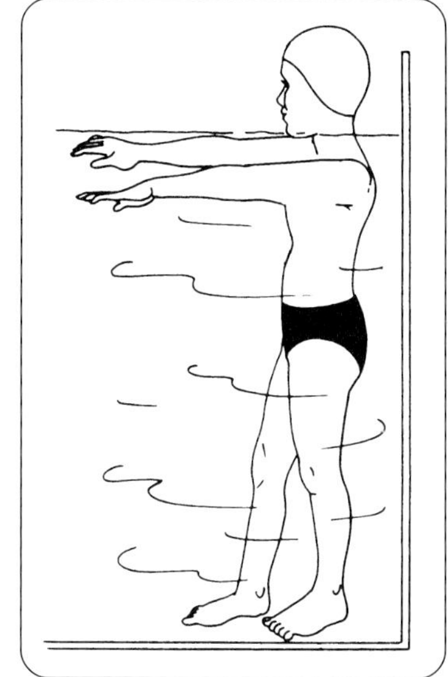
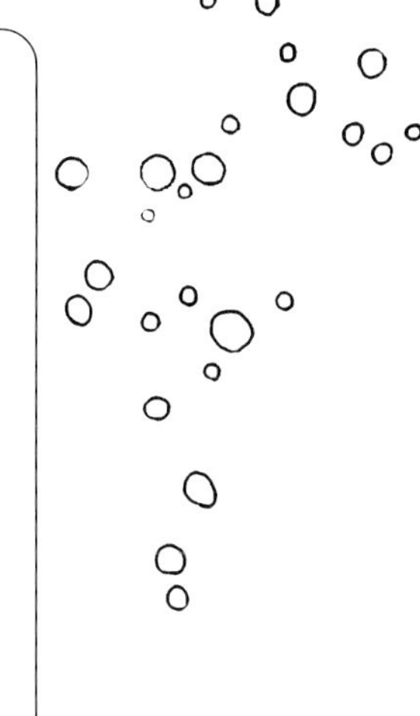

Strecke die Arme
nach vorne.

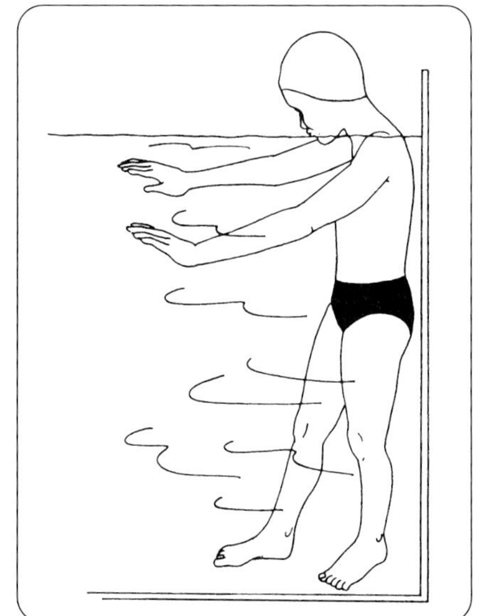

Drücke das Kinn
nach unten,
bis es das
Wasser berührt.

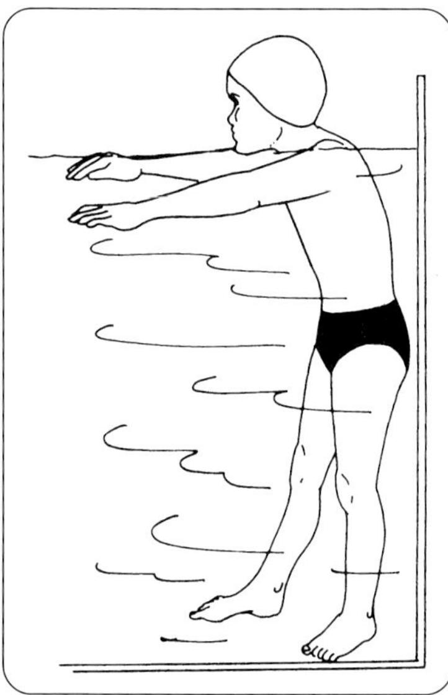

Gleite mit den
Füßen über den
Boden des Beckens
und schiebe dabei
einen schwimmenden
Gegenstand vor
dir her.

„Sessel-Haltung" und „Brummkreisel"

 Ziel

Die Kinder sollen dazu ermutigt werden, die Füße vom Beckenboden zu heben und dabei verschiedene Bewegungen im Wasser auszuprobieren.

 Material

- Gleitbretter (bei Bedarf)
- Bildkarten (Sessel, Brummkreisel, *s. S. 12*)

 Übungen

„Sessel-Haltung"

Bitten Sie die Kinder

- sich ins Wasser zu stellen;
- vom Rand wegzugehen;
- die Schultern unter Wasser zu halten (Dabei berühren sie mit dem Kinn das Wasser, halten den Rücken gerade und den Kopf über Wasser.);
- langsam die Füße vom Beckenboden zu heben und dabei den Kopf über Wasser zu halten;
- so zu tun, als säßen sie in einem Sessel, indem sie ihre Knie anziehen;
- zu fühlen, wie das Wasser sie trägt.

„Brummkreisel"

Bitten Sie die Kinder in der „Sessel-Haltung" zu bleiben und dabei

- auf der Stelle zu treten;
- sich mit Hilfe der Hände langsam wie ein Brummkreisel im Kreis zu drehen;
- mit einer Hand zu sich hinzurudern;
- mit der anderen Hand von sich wegzurudern;
- den Kopf in die Richtung zu drehen, in die sie auch den Körper drehen wollen.

 Übungen zur Vertiefung

Die Kinder können

- sich in die entgegengesetzte Richtung drehen.
- die Drehung beschleunigen oder verlangsamen.

Setze dich in die „Sessel-Haltung", indem du die Knie beugst. Halte den Kopf über Wasser.

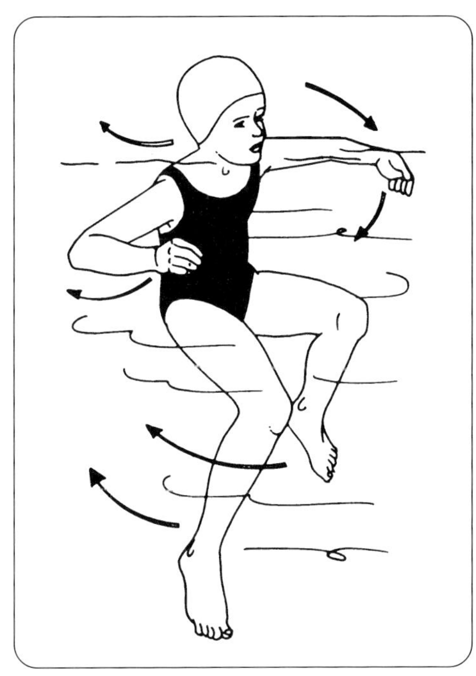

Rudere mit einer Hand zu dir hin, mit der anderen von dir weg. So drehst du dich wie ein Brummkreisel.

Gleitender Stern: Brustlage

 ### Ziel

Die Kinder sollen die richtige Haltung
für das Gleiten in Brustlage entwickeln.

 ### Material

- Bildkarten (Stern, Sessel, Clown, *s. S. 12*)
- Gliederpuppe

 ### Übungen

Bitten Sie die Kinder

- sich ein paar Schritte vom Beckenrand
  entfernt, mit dem Gesicht zu Ihnen,
  ins Wasser zu stellen;
- die „Sessel-Haltung" einzunehmen (S. 17);
- sich nach vorne zu beugen und mit dem Bauch
  auf dem Wasser zu gleiten (Brustlage);
- das Gesicht ins Wasser zu halten;
- Arme und Beine sternförmig auszustrecken;
- in die „Sessel-Haltung" zurückzukehren;
- sich im Wasser hinzustellen.

 ### Übungen zur Vertiefung

Die Kinder können

- verschiedene Formen bilden: z.B. Stern,
  Ball, Clown. (Zeigen Sie diese Formen
  auf den laminierten Karten.)
- sich in einer Gruppe zum Kreis oder Halbkreis
  stellen und sich an den Händen halten.
- Bitten Sie sie, abwechselnd das Gleiten
  in Brustlage zu üben und eine Körperhaltung
  einzunehmen, die der Form gleicht,
  die Sie auf der Karte zeigen.

Gleite auf dem Bauch und bilde ein Sternmuster.

Aus der Brustlage wieder auf die Füße kommen

Übung für das flache Wasser

Ziel

Die Kinder sollen üben aus der Brustlage wieder in den Stand zu kommen: Sicherheit und Standfestigkeit entwickeln.

Material

- Bildkarten (z.B. Sessel, Stern, Bett, s. S. 12)
- Gliederpuppe

Übungen

Bitten Sie die Kinder

- sich mit dem Bauch aufs Wasser zu legen (Brustlage);
- die „Sessel-Haltung" einzunehmen (S. 17);
- den Kopf hochzuheben;
- die Knie anzuwinkeln;
- die Hände gegen den Wasserwiderstand nach unten zu schieben;
- die Füße nach unten zum Beckenboden zu bewegen;
- die Füße fest auf den Beckenboden zu setzen;
- den Kopf über Wasser zu halten.

Übungen zur Vertiefung

Die Kinder können

- diese Übung auch beim Gleiten in der „Stern-Position" durchführen (S. 18).
- das Gleiten in Brustlage auch nach anderen Mustern üben, verschiedene Körperhaltungen einnehmen und dann aufstehen.

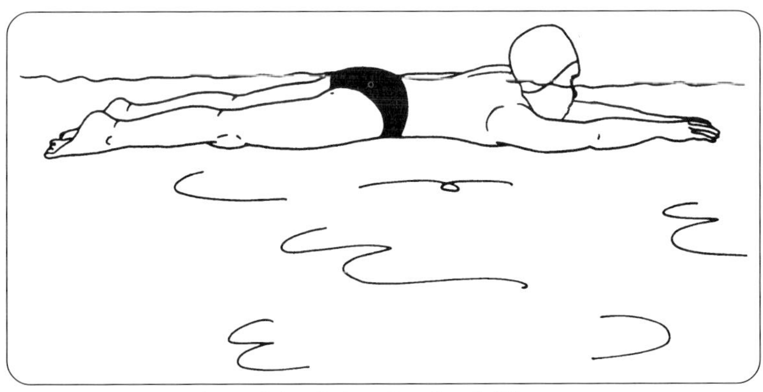

Lege dich mit dem Bauch aufs Wasser.

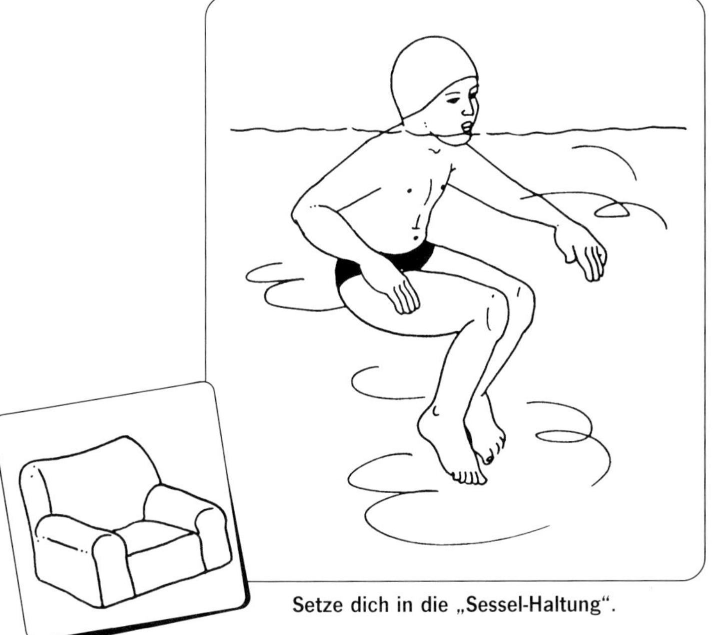

Setze dich in die „Sessel-Haltung".

Setze die Füße fest auf den Beckenboden.

Gleitender Stern: Rückenlage

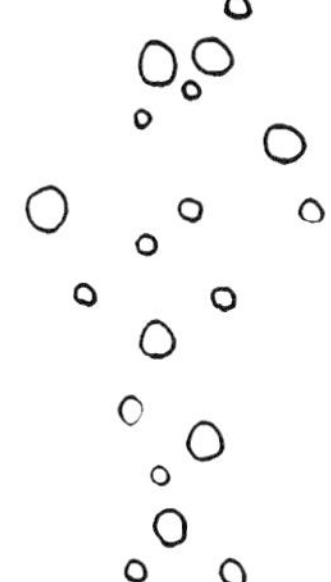

 ## Ziel

Die Kinder sollen die Gleitposition
für die Rückenlage lernen.

 ## Material

- Bildkarten (z.B. Sessel, Stern, Bett, *s. S. 12*)

 ## Übungen

Bitten Sie die Kinder

- die „Sessel-Haltung" einzunehmen (S. 17);
- die Knie anzuwinkeln;
- den Rücken zu strecken;
- den Kopf über Wasser zu halten;
- sich mit dem Rücken aufs Wasser
  zu legen (Rückenlage);
- das Gesicht über Wasser und die Hüften
  hoch zu halten;
- Arme und Beine weit auszustrecken
  und einen Stern zu bilden;
- zur Decke zu sehen und die Ohren
  unter Wasser zu halten;
- sich wieder in „Sessel-Haltung"
  zu setzen;
- sich wieder hinzustellen.

 ## Übungen zur Vertiefung

Die Kinder können

- beim Gleiten symmetrische und
  asymmetrische Muster bilden.
  (Zeigen Sie diese Muster
  auf laminierten Karten.)
- sich im Kreis oder Halbkreis aufstellen
  und an den Händen halten.
- Lassen Sie die Kinder abwechselnd
  das Rückwärtsgleiten üben. Dabei bilden sie
  mit dem Körper verschiedene Muster nach
  und wechseln danach wieder in den gleitenden
  Stern in Rückenlage.

Lege dich auf den Rücken.

Strecke Arme und Beine weit aus
und bilde so einen Stern.

Aus der Rückenlage wieder auf die Füße kommen

 **Ziel**

Aus der Rückenlage in den Stand kommen:
Vertrauen und Stabilität entwickeln.

 **Material**

- Gleitbretter (bei Bedarf)
- Bildkarten (Sessel, Stern, Bett, *s. S. 12*)
- Gliederpuppe

 **Übungen**

Bitten Sie die Kinder

- sich mit dem Rücken aufs Wasser
  zu legen (Rückenlage);
- die „Sessel-Haltung" einzunehmen (S. 17);
- den Kopf hochzuheben;
- die Knie anzuwinkeln;
- mit den Händen zuerst nach unten zu drücken
  und dann aufwärts zu rudern;
- die Füße nach unten zum Beckenboden zu drücken;
- die Füße fest auf den Beckenboden aufzusetzen;
- den Kopf über Wasser zu halten.

 **Übungen zur Vertiefung**

Die Kinder können

- diese Übung auch mit dem „Stern-Gleiten"
  in Rückenlage durchführen (S. 20).
- das Gleiten auf dem Rücken nach anderen Mustern
  und in verschiedenen Körperhaltungen üben
  und dann aufstehen.

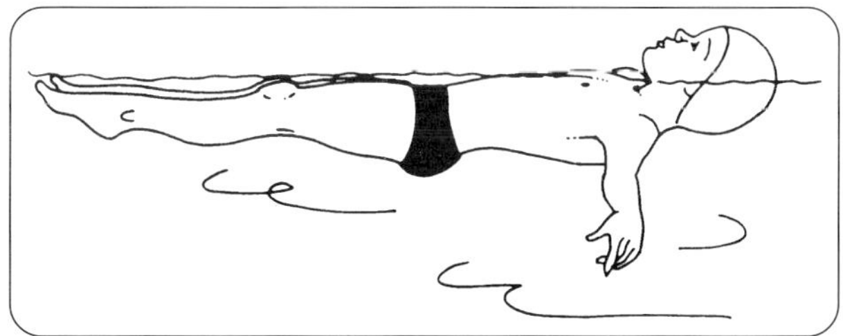

Lege dich mit dem Rücken aufs Wasser.

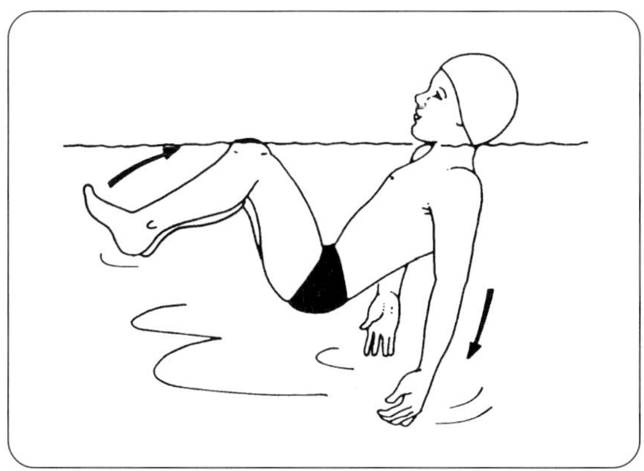

Drücke die Hände nach unten
und ziehe die Knie an.

Nimm die „Sessel-Haltung" ein.

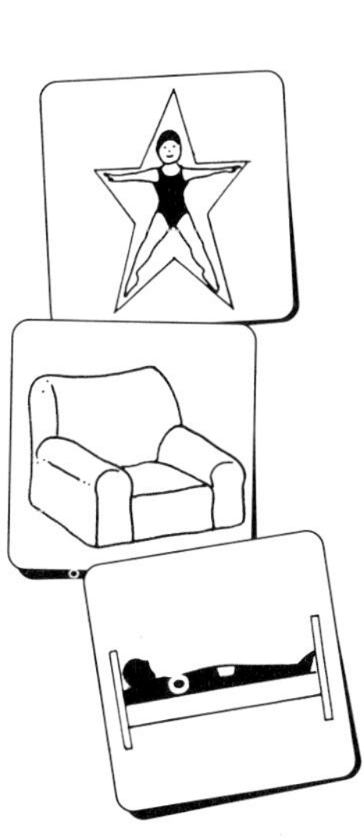

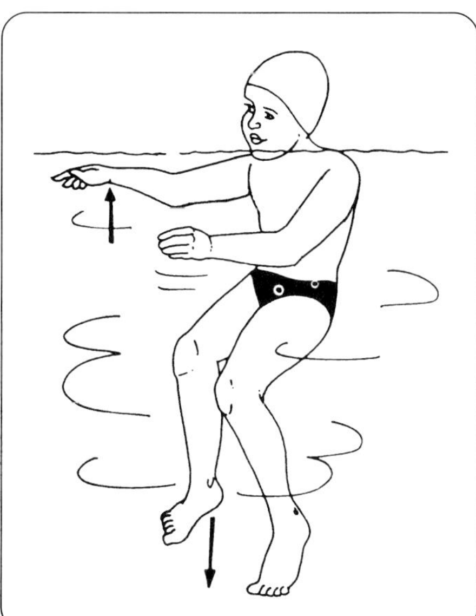

Stemme die Füße fest
auf den Beckenboden.

Abstoßen und gleiten: Brustlage

 ## Ziel

Die Kinder üben das Gleiten durch das Wasser
in der Brustlage.

 ## Material

- Bildkarte (Stift oder Pfeil, *s. S. 13*)
- Gliederpuppe

 ## Übungen

Bitten Sie die Kinder

- sich ein paar Schritte vom Beckenrand entfernt
  ins Wasser zu stellen;
- das Gesicht zum Beckenrand zu drehen
  und die Füße zusammenzustellen;
- die Arme auszustrecken;
- die Schultern unter Wasser zu halten;
- sich nach vorne zu beugen;
- die Füße vom Beckenboden abzustoßen;
- vorwärts zu gleiten (in Brustlage);
- den Körper lang und schmal wie ein Stift/Pfeil
  zu machen (Zeigen Sie dazu die Bildkarte
  mit dem Stift oder Pfeil);

  *„Stell dir vor, du wärst ein blitzschneller Pfeil
  im Wasser."*

  *Sie sollten die ganze Zeit über die Hinterköpfe
  (bzw. Badekappen) der Kinder über dem Wasser
  erkennen können.*

 ## Übungen zur Vertiefung

Die Kinder können

- in größerem Abstand zum Beckenrand starten.
- sich vom Beckenrand abstoßen und zur Mitte
  des Beckens gleiten.

Sich vom Beckenboden ...

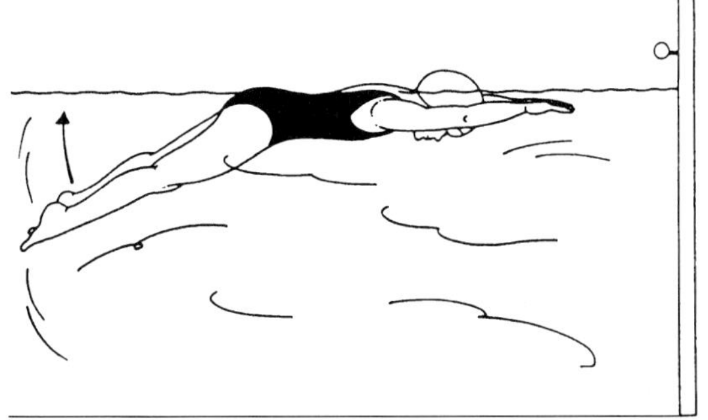

... abstoßen und gleiten.

Sich von der Beckenwand abstoßen und gleiten.

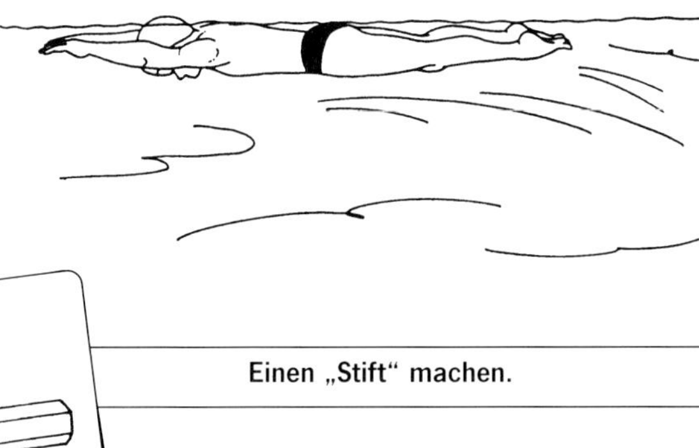

Einen „Stift" machen.

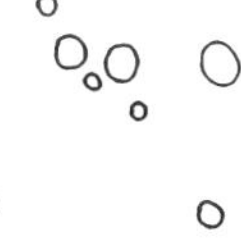

Abstoßen und gleiten: Rückenlage

 ## Ziel

Die Kinder üben sich in Rückenlage
durch das Wasser zu bewegen.

 ## Material

- Bildkarte (Bett, *s. S. 12*)
- Gliederpuppe

 ## Übungen

Bitten Sie die Kinder

- sich mit dem Gesicht zum Beckenrand
  ins Wasser zu stellen;
- sich mit beiden Händen
  an der Überlaufrinne festzuhalten;
- beide Füße auf halber Höhe gegen
  die Beckenwand zu stemmen;

  *„Stell dir vor, du wärst eine Krabbe,
  die am Felsen klebt."*

- sich nach hinten abzustoßen
  und dabei die Rinne loszulassen;
- auf dem Rücken zu gleiten;
- die Hüften hochzuhalten;
- die Ohren unter Wasser zu halten;
- den Körper lang und schmal zu machen.

  „Stell dir vor, du würdest im Bett liegen."

 ## Übungen zur Vertiefung

Die Kinder können

- sich von der Beckenwand abstoßen
  und wieder auf die Füße kommen.
- die Zeit messen zwischen Abstoßen
  und Hinstellen.
- versuchen diese Zeit zu verlängern.

Halte dich mit beiden Händen
an der Überlaufrinne fest
und stemme beide Füße
gegen die Mauer.

Stoße dich nach hinten ab
und lasse die Rinne los.
Gleite in die Rückenlage.

23

SCHWIMM-SCHULE
© Verlag an der Ruhr
Postfach 10 22 51
45472 Mülheim an der Ruhr
www.verlagruhr.de

Sich durch das Wasser bewegen: Brustlage

Ziel

Die Kinder üben, sich mit Hilfe von Arm- und Beinbewegungen vorwärts zu bewegen (in der Brustlage).

Material

- Bildkarte (Motorboot, *s. S. 12)*
- schwimmende Gegenstände

Übungen

Bitten Sie die Kinder

- sich mit dem Gesicht zum Beckenrand, ein paar Schritte von Ihnen entfernt, ins Wasser zu stellen;
- sich mit dem Bauch aufs Wasser zu legen (Brustlage);
- mit Hilfe der Arme zum Beckenrand zu rudern;
- mit Hilfe der Beine das Gleichgewicht zu halten und sich vorwärts zu bewegen;

Diese Bewegungen können im Wechselschlag oder simultan ablaufen. Jede natürliche Bewegung ist akzeptabel.

Für die Armbewegung: „Stell dir vor, du würdest vor dir ein großes Loch buddeln" oder „Tue so, als würdest du durch dicken Schlamm schwimmen".

Für die Beinbewegung: „Stell dir vor, du wärst ein Motorboot".

Übungen zur Vertiefung

Die Kinder können

- sich vom Beckenrand aus quer durch das Becken bewegen.
- zum Üben der Beinbewegung Gleitbretter benutzen.
- zum Üben der Armbewegung im Wasser gehen.
- schwimmende Gegenstände jagen oder vor sich her schieben.

Ziehe einen Arm hoch zur Wasseroberfläche, während du den anderen nach unten drückst.

Wiederhole das Gleiche mit dem anderen Arm.

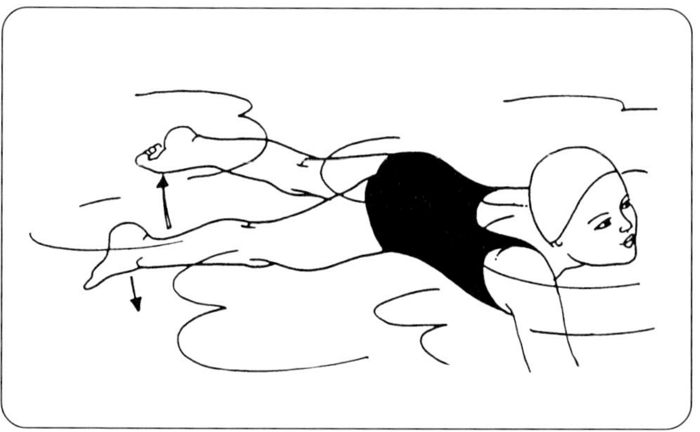

Benutze die Beine zum Balancieren und Vorwärtskommen.

SCHWIMM-SCHULE
© Verlag an der Ruhr
Postfach 10 22 51
45472 Mülheim an der Ruhr
www.verlagruhr.de

Sich durch das Wasser bewegen: Rückenlage

 **Ziel**

Die Kinder üben, sich mit Hilfe von Arm- und Beinbewegungen durch das Wasser zu bewegen (in der Rückenlage).

 **Material**

- schwimmende Gegenstände

 **Übungen**

Bitten Sie die Kinder

- sich mit dem Rücken auf das Wasser zu legen;
- die Hüften hoch zu halten;
- die Ohren unter Wasser zu halten;
- nach jedem Armzug leicht mit den Händen an die Körperseiten zu klatschen;
- sich mit Hilfe der Hände durch das Wasser zu ziehen;
- mit Hilfe der Beine das Gleichgewicht zu halten und sich weiterzubewegen;
- mit den Beinen auf und ab zu schlagen;
- die Füße gestreckt zu halten.

Diese Bewegungen können im Wechselschlag oder simultan ablaufen. Jede natürliche Bewegung ist akzeptabel.

 **Übungen zur Vertiefung**

Die Kinder können

- die Beinbewegungen mit Hilfe von Gleitbrettern üben.
- sich ins flache Wasser stellen und die Armbewegungen üben.
- schwimmende Gegenstände jagen oder vor sich her schieben.
- schwimmende Gegenstände mit den Füßen wegstoßen und dabei auf dem Rücken liegen bleiben.

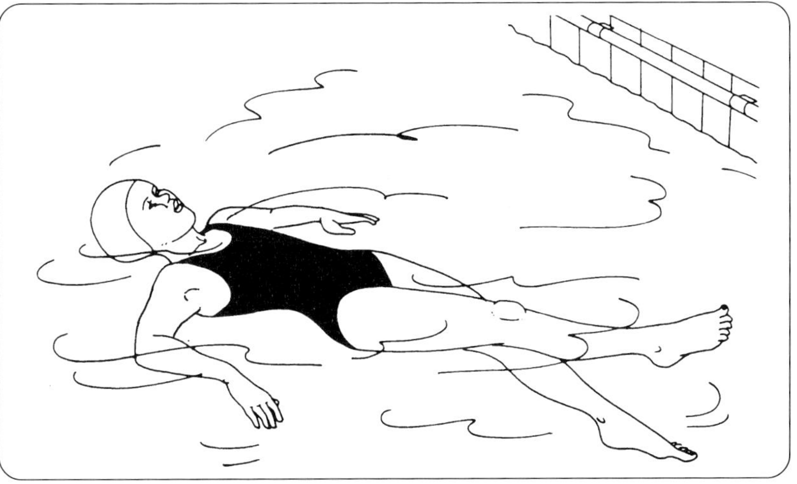

Halte mit den Beinen das Gleichgewicht
und versuche dich durch das Wasser zu bewegen.

Klatsche mit den Armen leicht an die Seite des Körpers.

SCHWIMM-SCHULE
© Verlag an der Ruhr
Postfach 10 22 51
45472 Mülheim an der Ruhr
www.verlagruhr.de

Das Gesicht ins Wasser tauchen

 ## Ziel

Die Kinder sollen den Mut entwickeln, das Gesicht ins Wasser zu tauchen, und lernen unter Wasser ihre Atmung zu kontrollieren.

 ## Material

- schwimmende Gegenstände
- Bildkarten (z.B. Dreieck, Quadrat und Wörter, *s. S. 13*)

 ## Übungen

Bitten Sie die Kinder

- sich an den Beckenrand ins Wasser zu stellen;
- sich an der Überlaufrinne festzuhalten;
- sich nach vorne zu beugen;
- das Kinn aufs Wasser zu legen;
- das ganze Gesicht ins Wasser zu tauchen;
- im Wasser auszuatmen;
- den Kopf zur Seite zu drehen und einzuatmen;
- das Gesicht wieder ins Wasser zu tauchen und auszuatmen;
- die Reihenfolge Ausatmen – Kopf heben – zur Seite drehen – Einatmen dreimal zu wiederholen und dann eine Pause zu machen.

 ## Übungen zur Vertiefung

Die Kinder können

- mit der Nase Muster, die Sie auf Bildkarten zeigen, ins Wasser malen, zuerst mit ausgestreckten Armen und dann mit den Armen an den Hüften.
- gehen und mit der Stirn schwimmende Gegenstände vor sich her stoßen.
- mit untergetauchtem Gesicht die Wörter „schreiben", die Sie auf den Bildkarten zeigen.
- unter Wasser die Augen öffnen.
- öfter hintereinander ausatmen – Kopf heben – zur Seite drehen.

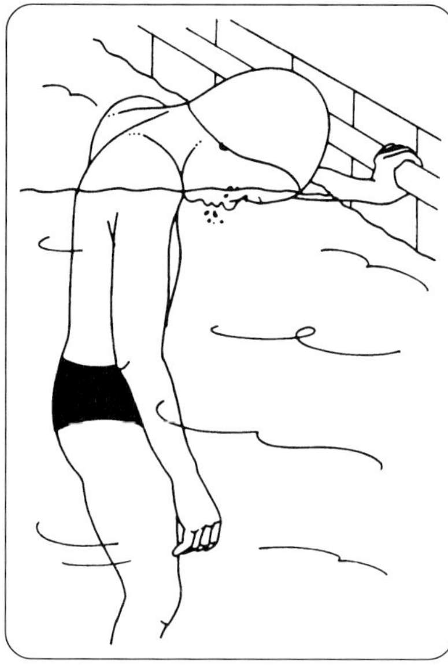

Halte dich an der Überlaufrinne fest und tauche das Gesicht ins Wasser.

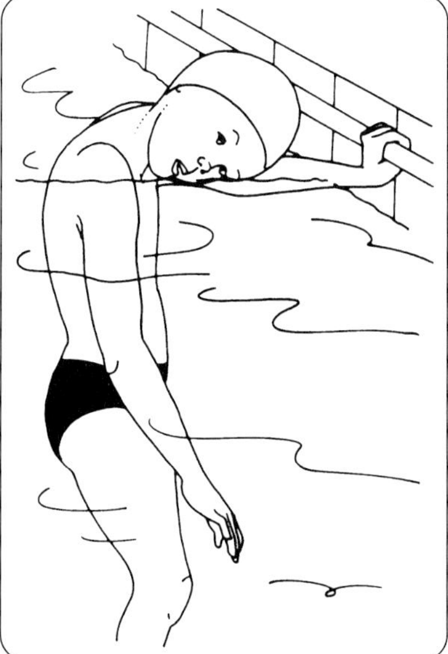

Drehe den Kopf zur Seite und hebe das Gesicht aus dem Wasser, um einzuatmen.

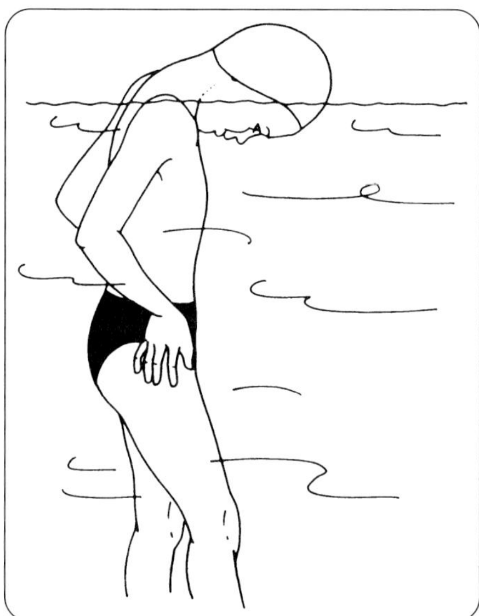

Öffne unter Wasser die Augen.

Gleitübung: nach hinten und zur Seite rollen

 ## Ziel

Die Kinder üben den sicheren Wechsel von der Brust- in die Rückenlage. Sie lernen die Schwimmrichtung zu ändern oder beim Schwimmen eine Ruheposition einzunehmen.

 ## Material

- Schwimmhilfen, falls nötig
- Bildkarten (z.B. Sessel, Stern, Bett, Stift, Ball, *s. S. 12/13*)

 ## Übungen

Wechsel von der Brust- in die Rückenlage über die „Sessel-Haltung" (S. 17)

Bitten Sie die Kinder

- sich in Brustlage aufs Wasser zu legen;
- sich weit auszustrecken und einen Stern zu bilden;
- sich in die „Sessel-Haltung" zu setzen;
- sich langsam nach hinten zu lehnen;
- zur Decke zu schauen;

    „Stell dir vor, du würdest im Bett liegen."

- in der Rückenlage zu bleiben und sich weit auszustrecken, um einen Stern zu bilden.

Wechsel von der Brust- in die Rückenlage über die Seite

Bitten Sie die Kinder

- sich in Brustlage weit auszustrecken und einen Stern zu bilden;
- die Beine zusammenzudrücken und die Arme seitlich an den Körper zu legen (einen „Stift" machen);
- den Kopf zu drehen und zur Decke zu schauen, sich dann zur Seite und schließlich ganz herum auf den Rücken zu drehen;

    „Stell dir vor, du wälzt dich im Bett auf die andere Seite."

- einen Stern in Rückenlage zu bilden.

Um von der Rücken- in die Brustlage zu kommen, können diese Aufgaben in umgekehrter Reihenfolge durchgeführt werden.

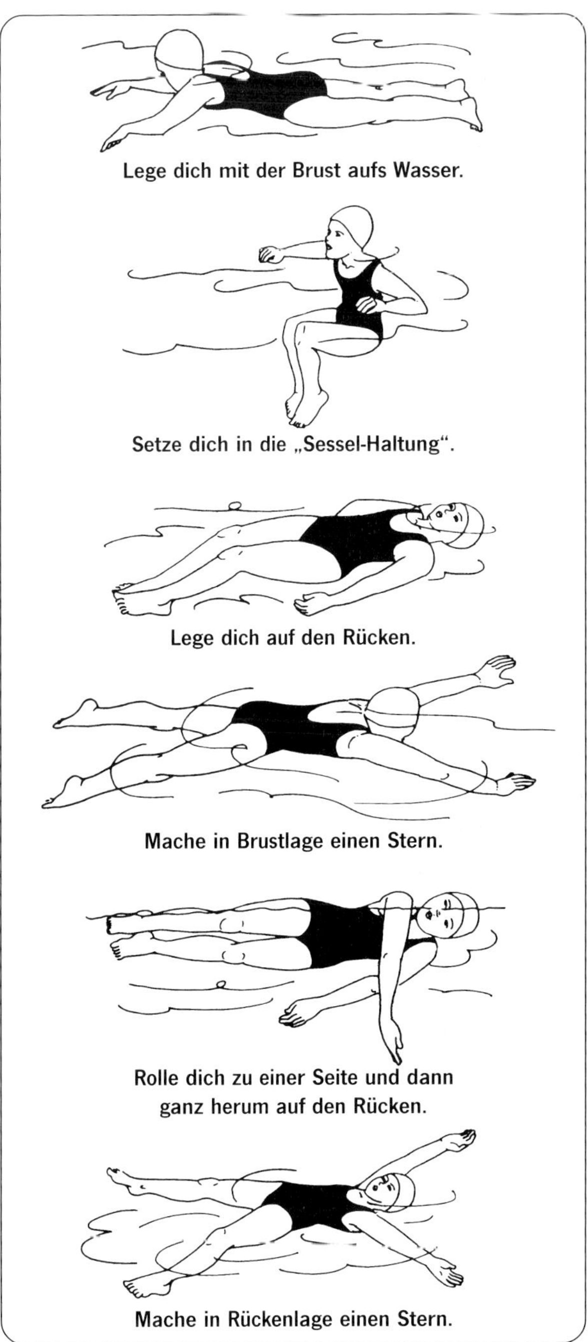

 ## Übungen zur Vertiefung

Die Kinder können

- verschiedene Gleitpositionen einnehmen, nachdem sie sich umgedreht haben.
- sich beim Schwimmen nach hinten oder zur Seite rollen, um die Position oder Schwimmrichtung zu ändern.

SCHWIMM-SCHULE
© Verlag an der Ruhr
Postfach 10 22 51
45472 Mülheim an der Ruhr
www.verlagruhr.de

Schwimmender Ball

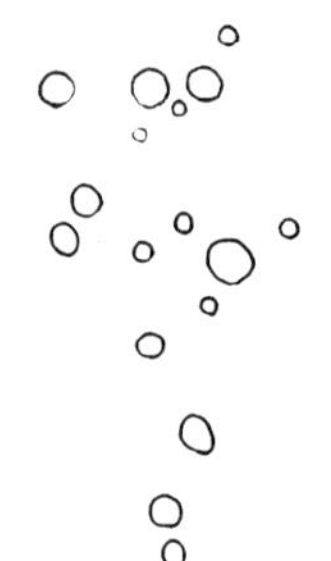

 **Ziel**

Die Kinder sollen spüren, wie das Wasser trägt.
Die Auftriebskraft besser verstehen lernen.

 **Material**

- Bildkarten (z.B. Ball, Stern,
  Stift, Sessel, *s. S. 12/13*)
- Gliederpuppe

 **Übungen**

Bitten Sie die Kinder

- sich ins Becken zu stellen;
- die Füße zusammen zu stellen;
- auf die Zehen zu schauen;
- einzuatmen und sich langsam nach vorn
  zu beugen;
- beide Füße gleichzeitig vom Beckenboden
  zu heben;
- tief einzuatmen;
- das Gesicht ins Wasser zu tauchen und
  dabei die Füße vom Boden zu lösen;
- langsam die Knie an die Brust zu ziehen;
- die Arme um die Knie zu schlingen;
- beim Ausatmen das Gesicht
  ins Wasser zu tauchen;

  *Die Kinder sollten sich einem Ball
  zusammenrollen.*

- sich an der Wasseroberfläche
  treiben zu lassen;
- sanfte, weiche Bewegungen zu machen.

  *„Stell dir vor, du wärst
  ein schwimmender Ball."*

 **Übungen zur Vertiefung**

Die Kinder können

- noch andere schwimmende Gegenstände imitieren
  und danach jeweils in die „Ball-Haltung"
  zurückkehren.
- in Brustlage gleiten und dann einen schwimmenden
  Ball imitieren.
- während des Schwimmens zwischendurch ab
  und zu den „schwimmenden Ball" üben.

**Schaue auf den Boden des Beckens.
Beuge dich leicht nach vorn
und hebe beide Füße vom Boden hoch.**

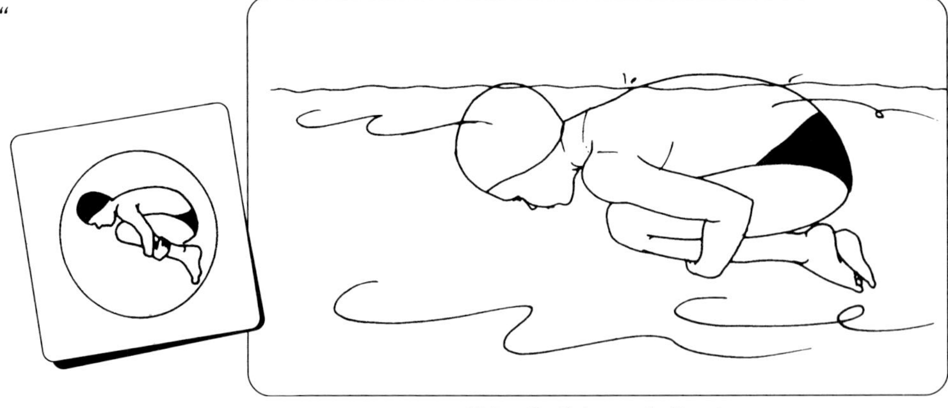

**Ziehe die Knie an die Brust
und rolle dich wie ein Ball zusammen.**

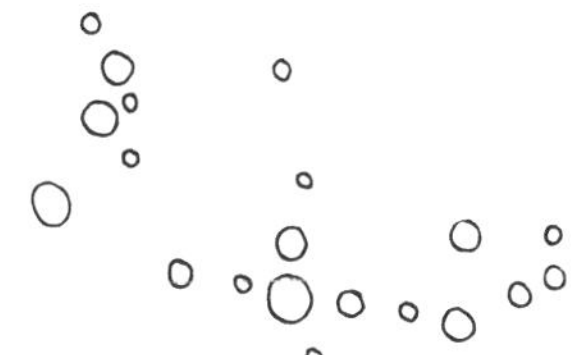

Vorwärts paddeln: Beinbewegung

 ## Ziel

Die Kinder sollen die Wechselschlag-Bewegung der Beine beim Vorwärtsschwimmen in Brustlage üben bzw. verbessern.

 ## Material

- evtl. Gleitbretter
- Gliederpuppe

 ## Übungen

Entscheiden Sie selbst, ob Sie unsicheren Kindern Gleitbretter zur Verfügung stellen.

Bitten Sie die Kinder

- evtl. unter jeden Arm ein Gleitbrett zu klemmen;
- sich mit dem Bauch aufs Wasser zu legen;
- mit den Beinen abwechselnd auf und ab zu paddeln;

  Die Bewegung sollte aus der Hüfte kommen, sich im Knie fortsetzen und in einer Wedelbewegung des Fußes enden.

- die Gelenke locker und beweglich zu halten;
- aus dem gestreckten Bein heraus zu schlagen;
- aus der Hüfte heraus zu schlagen;
- bei jedem Vorwärtsstoß auszuatmen.

 ## Übungen zur Vertiefung

Die Kinder können

- ein Gleitbrett mit ausgestreckten Armen vor dem Körper halten.
- die Arme in Gleitposition ausstrecken und ohne Gleitbretter üben.
- die Paddel-Bewegung mit Armen und Beinen durchführen (vgl. S. 30).

Schwimme in Brustlage mit einem Gleitbrett unter jedem Arm.

Schlage mit gestreckten Beinen aus der Hüfte heraus. Halte dabei die Gelenke locker und beweglich.

SCHWIMM-SCHULE
© Verlag an der Ruhr
Postfach 10 22 51
45472 Mülheim an der Ruhr
www.verlagruhr.de

Vorwärts paddeln: Armbewegung

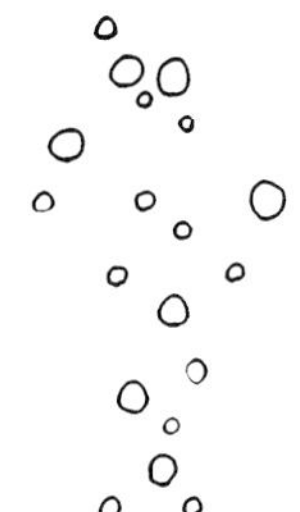

 **Ziel**

Die Kinder sollen die Armbewegung beim Schwimmen in Brustlage durch die Wechselschlag-Bewegung der Arme üben bzw. verbessern.

 **Material**

- schwimmende Gegenstände

 **Übungen**

Bitten Sie die Kinder

- sich ein kleines Stück vom Beckenrand entfernt ins Wasser zu stellen;
- sich mit dem Gesicht zum Beckenrand zu drehen;
- sich mit dem Bauch auf das Wasser zu legen;
- mit beiden Armen das Wasser abwechselnd nach hinten zu drücken, sodass die Kinder sich vorwärts bewegen;

  Die Arme bewegen sich unter Wasser.

  „Stell dir vor, du würdest ein großes Loch vor dir graben."

- die Arme und Hände nach vorne auszustrecken und bei jedem Zug unter den Körper zurückzuführen. Dabei wird das Wasser nach hinten gedrückt.
- dabei gleichzeitig mit den Beinen zu paddeln;
- während der Vorwärtsbewegung auszuatmen.

 **Übungen zur Vertiefung**

Die Kinder können

- die Armbewegung üben, während sie im Becken stehen oder gehen.
- die Arm- und Beinbewegungen kombinieren (vgl. S. 29) und so eine Runde am Beckenrand entlang paddeln.
- vorwärts paddeln und dabei schwimmende Gegenstände jagen; darauf achten, dass sie sich weit genug ausstrecken, um sie zu fangen.

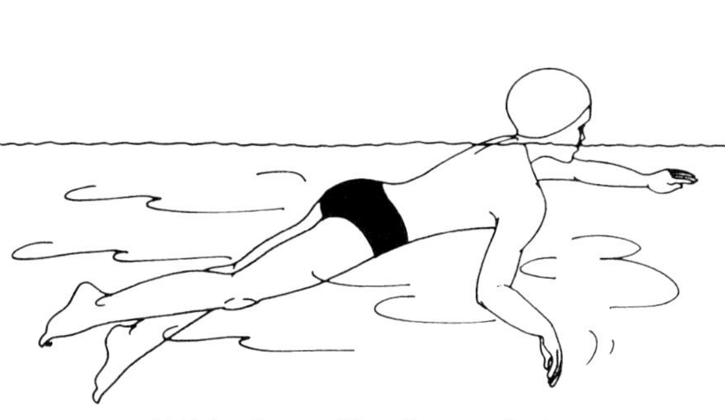

Drücke den rechten Arm nach oben und den linken gleichzeitig nach unten.

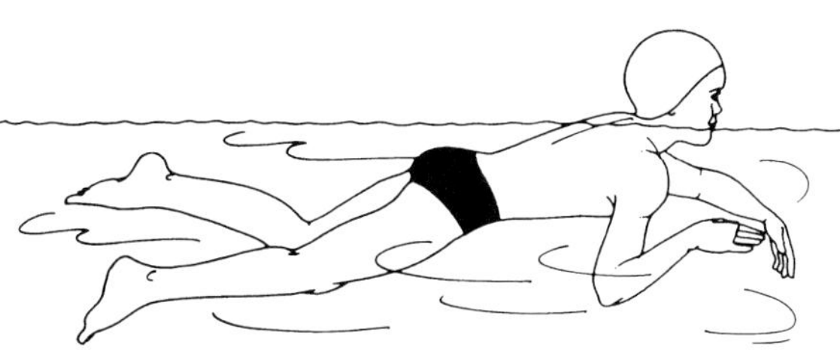

Ziehe den rechten Arm weiter nach vorne und den linken weiter zur Brust.

Drücke den linken Arm nach unten unter den Körper, während du den rechten nach vorne ausstreckst.

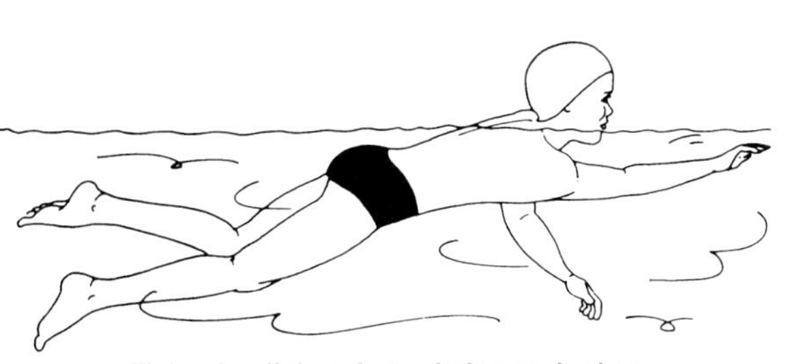

Ziehe den linken Arm wieder nach oben. Gleichzeitig bewegst du den rechten Arm wieder nach unten.

Rückwärts paddeln: Beinbewegung

 ## Ziel

Die Kinder sollen die Wechselschlag-Bewegung
der Beine beim Schwimmen in Rückenlage verbessern.

 ## Material

- Gleitbretter
- Gliederpuppe

 ## Übungen

Bitten Sie die Kinder

- ein Gleitbrett unter jeden Arm
  zu klemmen;
- sich mit dem Rücken aufs Wasser
  zu legen (Rückenlage);
- die Beine abwechselnd auf und ab
  zu schlagen;

  *Diese Bewegung kommt aus
  der Hüfte, setzt sich über
  die Knie fort und endet in einer
  Wedelbewegung des Fußes.*

- die Füße ausgestreckt und knapp
  über die Wasseroberfläche
  zu strecken, sodass es leicht spritzt;
- die Gelenke locker und beweglich
  zu halten;
- aus dem gestreckten Bein
  herauszuschlagen;
- aus der Hüfte herauszuschlagen.

Übungen zur Vertiefung

*Die Kinder können das Rückwartspaddeln üben,
indem sie*

- die Arme um ein Gleitbrett legen,
  das sie vor der Brust festhalten.
- die Arme ohne Gleitbretter seitlich
  an den Körper legen.

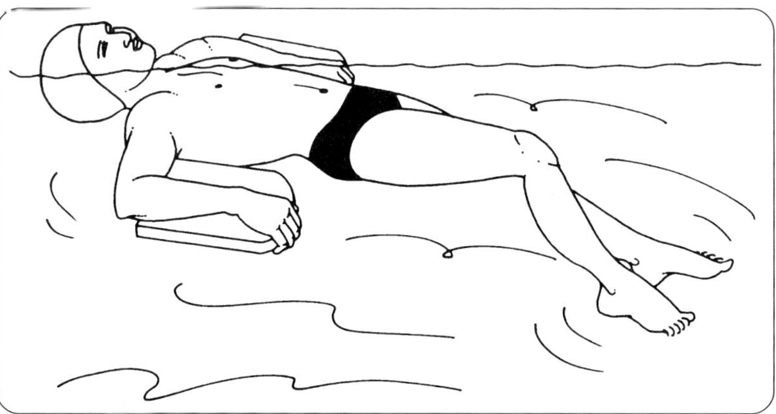

Gehe in die Rückenlage und klemme ein
Gleitbrett unter jeden Arm.

Schlage abwechselnd mit den Beinen aus der Hüfte,
sodass die Zehen gerade eben
durch die Wasseroberfläche stoßen.

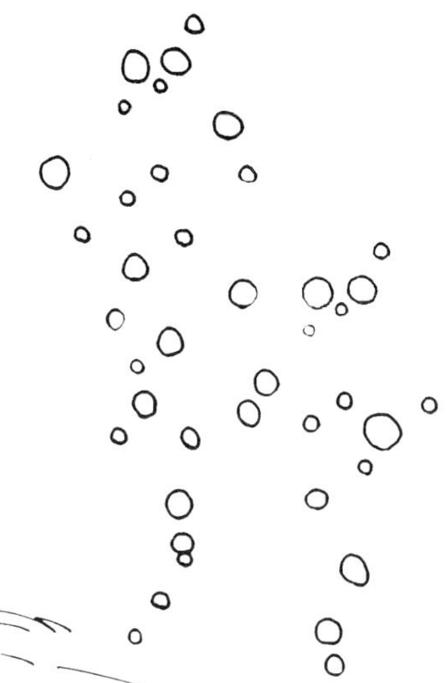

 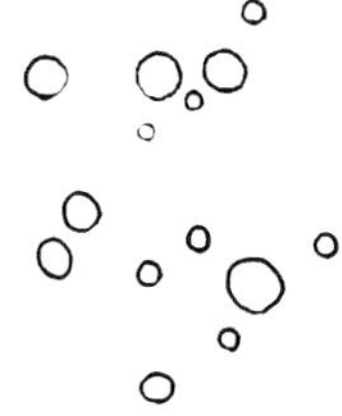

Rückwärts paddeln: Armbewegung

 **Ziel**

Die Kinder sollen die Armbewegung beim Rückenschwimmen mit Hilfe der simultanen Paddelbewegung verbessern.

 **Material**

- Gliederpuppe

 **Übungen**

Bitten Sie die Kinder

- sich mit dem Rücken aufs Wasser zu legen (Rückenlage);
- mit Hilfe der Hände und Arme das Wasser in Richtung Füße zu drücken und sich so vorwärts zu bewegen;
- Hände und Arme dabei unter Wasser und eng am Körper zu halten;
- mit den Händen leicht an die Körperseiten zu klatschen.

  Der kleine Finger führt bei der Auswärtsbewegung, der Daumen bei der Einwärtsbewegung.

 **Übungen zur Vertiefung**

Die Kinder können

- mit einem Gleitbrett üben, das sie erst mit dem einen, dann mit dem anderen Arm über der Brust halten.
- die zurückgelegte Strecke vergrößern.

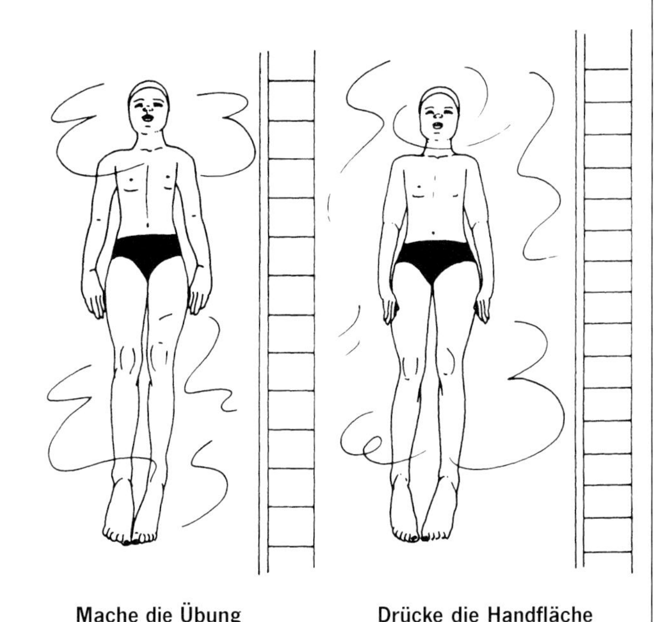

Mache die Übung
in Rückenlage.

Drücke die Handfläche
nach außen. Der
kleine Finger führt.

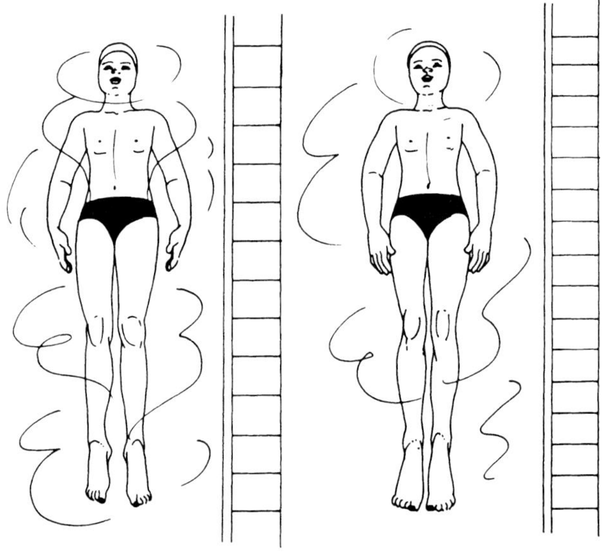

Ziehe die Handfläche
an den Körper.
Der Daumen führt.

Schlage mit der Hand
leicht an die Körperseite
und drehe die Hand,
um sie wieder nach
außen zu drücken.

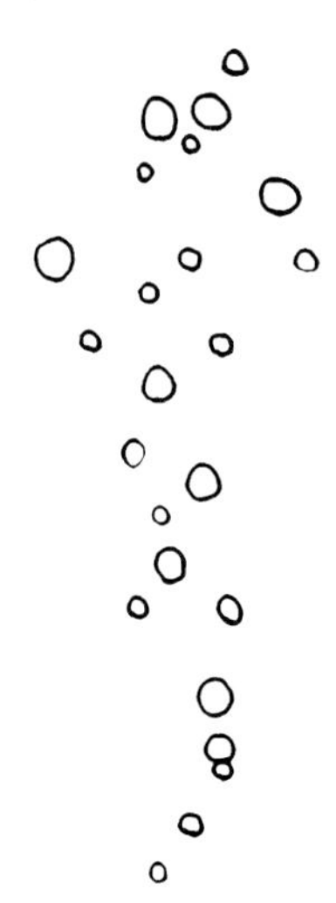

Rückwärts paddeln: Handbewegung

 Ziel

Rückenlage: Die Kinder sollen Vertrauen zu sich und dem Wasser sowie Überlebenstechniken entwickeln.

 Material

- Musik (Tamburin, Trommel)

 Übungen

Bitten Sie die Kinder

- sich mit dem Rücken aufs Wasser zu legen (Rückenlage);
- die ausgestreckten Beine ruhig und gerade zusammenzuhalten;
- die Arme so nah wie möglich an den Körper zu legen;
- die Handinnenfläche zum Körper zeigen zu lassen;
- die Hände vom Körper wegzudrücken und dann wieder kraftvoll an den Körper heranzuziehen, sodass der Körper rückwärts durch das Wasser gleitet.

 Übungen zur Vertiefung

Die Kinder können

- die zurückgelegte Strecke vergrößern.
- diesen Bewegungsablauf mit anderen Techniken verbinden, z.B. im Kreis rudern (S. 36).
- sich zum Rhythmus von Musik oder Trommelschlägen bewegen.
- im Wasser eine Bewegungsabfolge zu Musik erfinden.

Gehe in die Rückenlage.
Ziehe die Hände vom Körper weg.

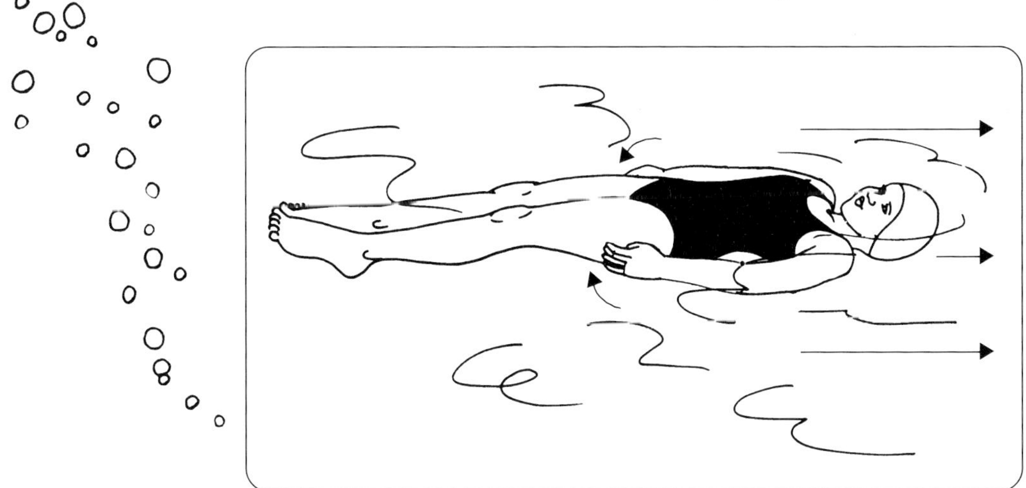

Ziehe nun die Hände kraftvoll wieder an den Körper heran.

Mit Armen und Beinen gleichzeitig kreisen

 **Ziel**

Simultane Bewegungen der Arme und Beine beim Brustschwimmen

 **Material**

- Bildkarten (Frosch, *s. S. 13*)

 **Übungen**

Bitten Sie die Kinder

- sich mit dem Bauch aufs Wasser zu legen (Brustlage);
- mit beiden Armen gleichzeitig kreisende Bewegungen zu machen;
- mit den Händen Kreise zu ziehen;
- die Füße nach außen zu drehen;
- mit den Fersen zu stoßen;
- die Augen nach vorne zu richten;
- den Kopf beim Einatmen zu heben;
- das Gesicht wieder ins Wasser zu tauchen und beim Vorwärtsziehen Blasen zu pusten.

 **Übungen zur Vertiefung**

Die Kinder können

- die Beinbewegung in Brust- und in Rückenlage üben. Dabei halten sie ein Gleitbrett unter jedem Arm.
- die Armbewegung beim Gehen oder Stehen im Wasser üben.
- die zurückgelegte Entfernung vergrößern, indem sie Arme und Beine benutzen.

Strecke die Arme nach vorne und drehe die Füße nach außen.

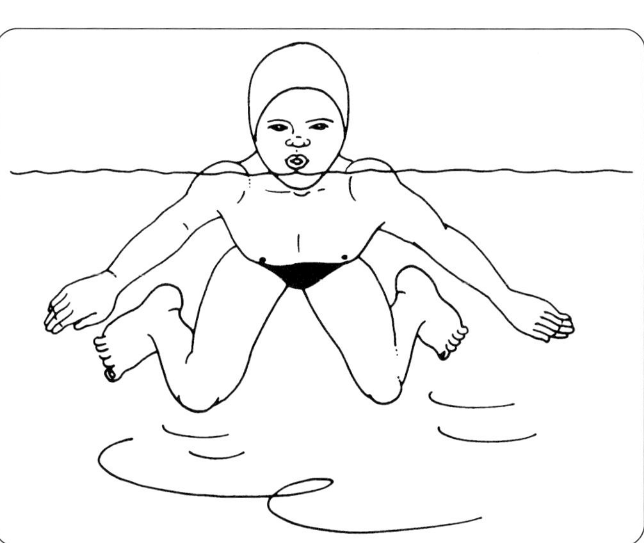

Ziehe mit den Armen einen Kreis.

Tauchen

Springe hoch und
mache dich lang
und schmal.

Tauche mit den
Füßen voran unter
und kauere dich
am Boden
zusammen.

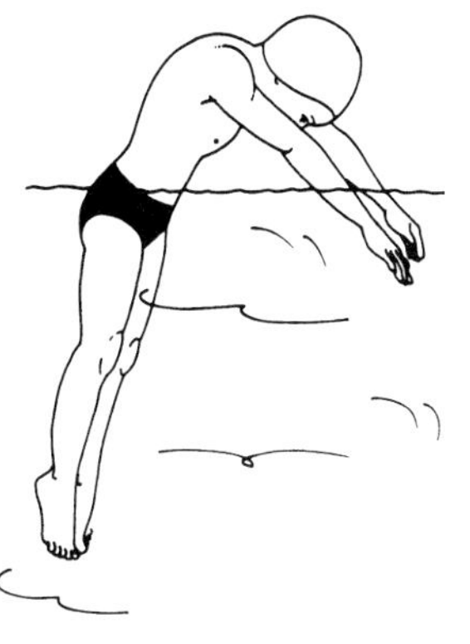

Springe hoch und
in einem Bogen
über das Wasser.

Folge deinen Händen
nach unten und
strecke dich
Richtung Boden.

 *Ziel*

Die Kinder sollen beim Tauchen aus dem Stand
im flachen Wasser Vertrauen entwickeln.

 **Material**

- Tauchgegenstände (Wurfring,
  Plastikringe, Spielfiguren)

 **Übungen**

Aus dem Stand tauchen,
mit den Füßen voran.

Bitten Sie die Kinder

- sich ins Wasser zu stellen;
- hoch zu springen;
- mit den Füßen voran wieder unterzutauchen;
- die Knie zu beugen;
- die Arme nach unten zu nehmen
  und an den Körper zu legen;
- sich zusammenzurollen und
  an den Beckenboden zu kauern;
- sich wieder zur Wasseroberfläche zu stoßen.

Aus dem Stand tauchen,
mit dem Kopf voran.

Bitten Sie die Kinder

- sich ins Wasser zu stellen;
- sich mit den Füßen abzustoßen,
  über das Wasser zu heben und
  mit dem Kopf voran wieder einzutauchen;
- sich von den Händen nach unten führen zu lassen;
- sich nach unten Richtung Beckenboden zu strecken;
- wieder an die Oberfläche zu kommen.

 **Übungen zur Vertiefung**

Die Kinder können

- zum Beckenboden gleiten.
- Handstand im Wasser üben.
- tauchen und erst die Knie,
  dann die Zehen eines Partners berühren.
- unter Wasser zählen, wie viele Finger
  ein Partner zeigt.
- Gegenstände vom
  Beckenboden aufsammeln.

Ruderbewegungen im Kreis

 ## Ziel

Die Kinder sollen Überlebenstechniken und Vertrauen zu sich und dem Wasser entwickeln.

 ## Material

- Bildkarte (Brummkreisel, *s. S. 12*)
- Musik (Tamburin, Trommel)

 ## Übungen

Bitten Sie die Kinder

- sich mit dem Rücken aufs Wasser zu legen (Rückenlage);
- sich zusammenzurollen;
- die Knie an die Brust zu ziehen;
- zur Decke zu schauen, die Ohren dabei unter Wasser zu halten;
- mit einer Hand zu schieben, mit der anderen zu ziehen und sich so um die eigene Achse im Kreis zu drehen.

„Stell dir vor, du würdest dich wie ein Brummkreisel um dich selbst drehen.“

 ## Übungen zur Vertiefung

Die Kinder können

- die Zahl der Umdrehungen erhöhen.
- die Richtung ändern: zuerst Drehungen im Uhrzeigersinn, dann gegen den Uhrzeigersinn.

  Nutzen Sie selbsterstellte Bildkarten von einem Zifferblatt oder einen Kompass als visuelle Hilfe.

- sich zum Rhythmus von Musik oder Trommelschlägen bewegen.
- mit Hilfe der Ruderbewegungen beim Schwimmen die Richtung wechseln.

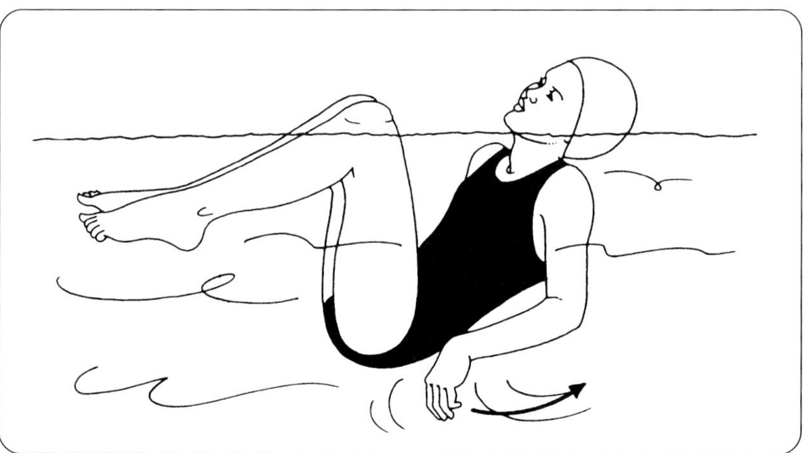

Gehe in die Rückenlage und ziehe die Knie an die Brust.

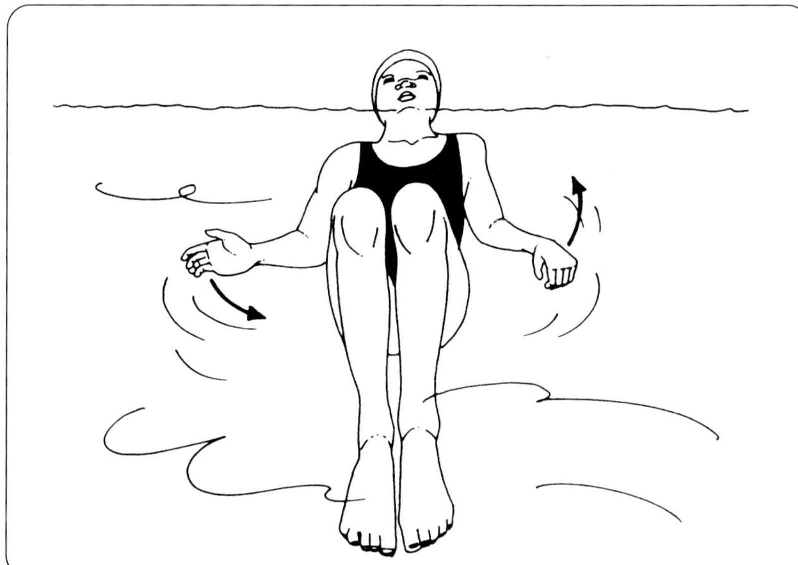

Ziehe mit der einen Hand und schiebe mit der anderen, um dich im Kreis zu drehen.

Rückenkraul: Körperhaltung und Beinbewegung

 ## Ziel

Die Kinder sollen die Körperhaltung und Beinbewegung beim Rückenkraul entwickeln.

 ## Material

- bildliche Darstellung des Schwimmstils
- Gliederpuppe

 ## Übungen

Körperhaltung

Bitten Sie die Kinder

- sich mit beiden Händen an der Überlaufrinne festzuhalten und die Füße gegen die Wand zu stemmen;
- sich nach hinten von der Wand abzustoßen;

  Hierbei kommt es auf eine flache, stromlinienförmige, horizontale Körperhaltung an.

- beim Gleiten in der Rückenlage eine möglichst stromlinienförmige Haltung einzunehmen;
- die Ohren unter Wasser und den Kopf ruhig zu halten;
- aufzustehen, wenn die Beine anfangen nach unten zu sinken.

Beinbewegung aus der Gleitposition

Bitten Sie die Kinder

- die gestreckten Beine aus den Hüften abwechselnd auf und ab zu schlagen;
- die Gelenke locker zu halten und die Füße vom Körper wegzustrecken. Bei der Aufwärtsbewegung der Füße stoßen diese leicht durch die Wasseroberfläche.

  Die Knie sollten beim Aufwärtsschlag nur leicht gebeugt sein.

 ## Übungen zur Vertiefung

Die Kinder können

- die zurückgelegte Strecke vergrößern.
- die Arme über dem Kopf ausstrecken, wenn sie sich von der Wand abstoßen.

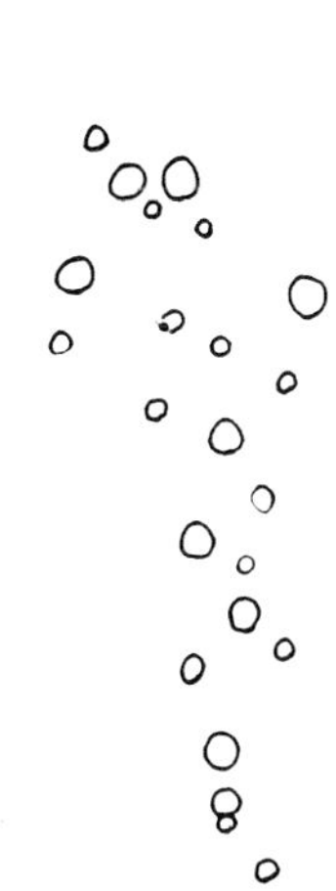

Halte dich an der Überlaufrinne fest und stemme beide Füße gegen die Wand.

Drücke dich nach hinten ab und gleite in eine stromlinienförmige Position.

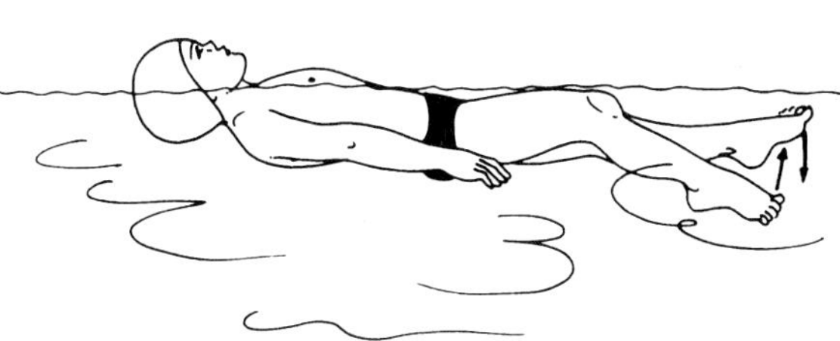

Schwinge die Beine abwechselnd auf und ab. Schlage dabei aus den Hüften.

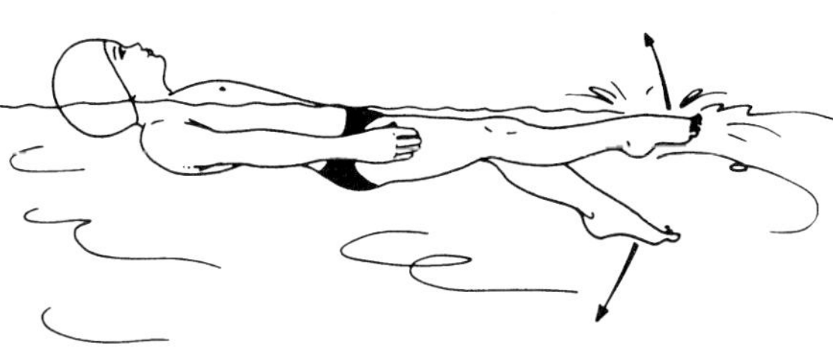

Rudere mit den Händen, um dich fortzubewegen.

Rückenkraul: Armbewegung

 **Ziel**

Die Kinder sollen die Armbewegung
beim Rückenkraul einüben.

 **Material**

- bildliche Darstellung des Schwimmstils
- Gliederpuppe

 **Übungen**

Bitten Sie die Kinder

- sich in Rückenlage von der Beckenwand abzustoßen;
- die Rückenkraul-Beinbewegung zu machen (S. 37);
- einen Arm auszustrecken und den anderen
  an den Körper zu legen;
- den Arm zu wechseln, wenn eine Armbewegung
  zur Hälfte ausgeführt ist;

*Beim Eintauchen ins Wasser sollten
die Handflächen nach außen zeigen.
Die Arme sollten seitlich abwechselnd
durch das Wasser gezogen werden.*

- den Kopf in einer geraden Linie
  zu den Schultern zu halten;
- die Arme über dem Wasser gerade zu halten
  und die Fingerspitzen zur Decke zeigen zu lassen;
- mit dem kleinen Finger zuerst wieder
  ins Wasser zu tauchen;
- die Handgelenke starr zu halten;
- den Arm gerade zu halten und am Körper und
  Oberschenkel entlang herumzuschwingen.

*Wenn der eine Arm durch das Wasser nach
unten zieht, ist der andere Arm über der Wasseroberfläche, sodass ein Wechselschlag entsteht.
Die Arme werden im Halbkreis herum-
geschwungen, die Schulter bildet den Mittelpunkt.*

 **Übungen zur Vertiefung**

Die Kinder können

- die Zahl der Armkreise vergrößern.
- die Beinbewegung (S. 37) mit der Handbewegung
  (S. 33) verbinden und auf halber Strecke eine
  Armbewegung in „Windmühlentechnik" einführen.

  „Bewege deine Arme wie „Windmühlenflügel."

- Arm- und Beinbewegungen über die ganze Strecke
  verbinden.

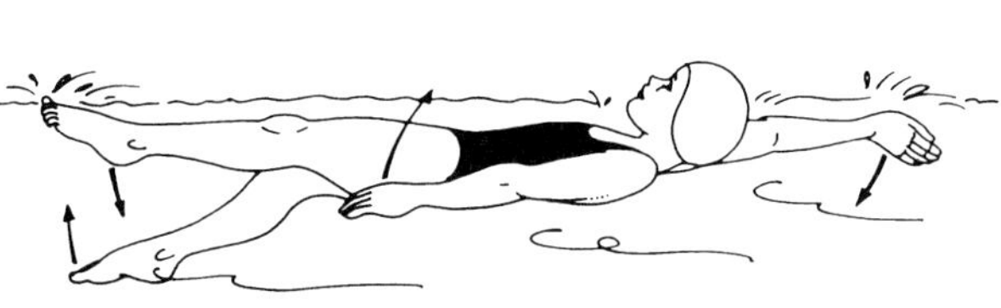

Strecke den rechten Arm aus.
Halte den linken Arm am Körper.

Hebe den linken Arm gerade über das Wasser.
Gleichzeitig drückst du den rechten Arm nach unten.

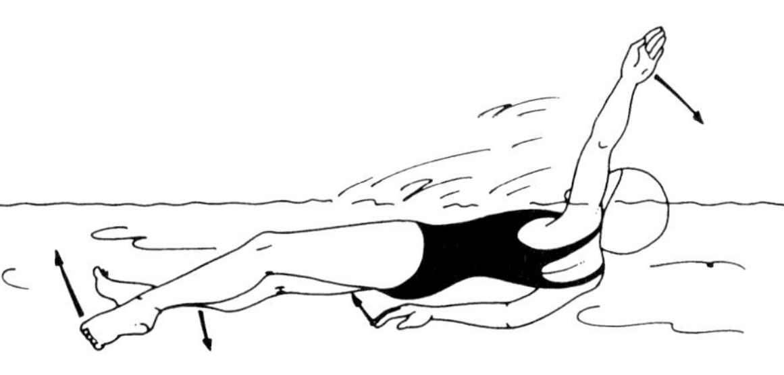

Die Finger der linken Hand zeigen zur Decke,
bevor du sie hinter dem Kopf wieder ins Wasser tauchst.
Der rechte Arm soll am rechten Oberschenkel
entlang herumschwingen.

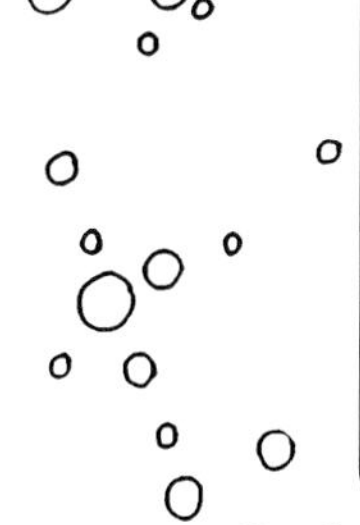

Rückenkraul: Koordination von Atmung und Bewegungsablauf

 ## Ziel

Die Kinder sollen die Atemtechnik und Koordination
von Atemrhythmus und Bewegungsablauf
beim Rückenkraul einüben.

 ## Material

- bildliche Darstellung des Schwimmstils
- Musik (Tamburin, Trommel)

 ## Übungen

Bitten Sie die Kinder

- sich mit dem Rücken aufs Wasser
  zu legen (Rückenlage);
- einen vollständigen Rückenkraul-Zug
  über eine bestimmte Distanz zurückzulegen;
- einzuatmen, wenn sie einen Arm
  aus dem Wasser heben;
- auszuatmen, wenn sie den anderen Arm
  aus dem Wasser heben;

  *Das hilft den Kindern, einen regelmäßigen
  Atemrhythmus einzuhalten, während sie
  rückwärts kraulen.*

- während einer vollständigen Kreisbewegung
  der Arme sechsmal mit den Beinen zu schlagen;
- in gleichmäßigem Rhythmus zu schlagen.

 ## Übungen zur Vertiefung

Die Kinder können

- den Schwimmzug üben, indem sie ihn
  einige Male über eine bestimmte Strecke
  wiederholen. Sorgen Sie dafür, dass sie zwischen
  den einzelnen Versuchen eine Pause machen.
- den vollständigen Schwimmzug zum Rhythmus
  einer Trommel oder eines Tamburins machen.
- eine Abfolge von Zügen zu Musik durchführen.

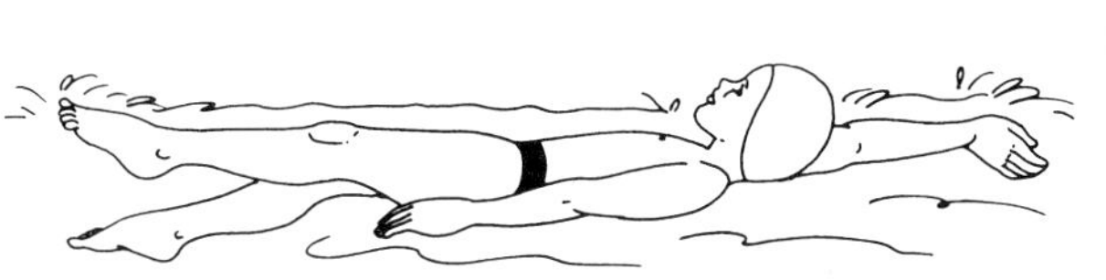

Gehe in die Rückenlage und mache einen
vollständigen Kraulzug rückwärts.

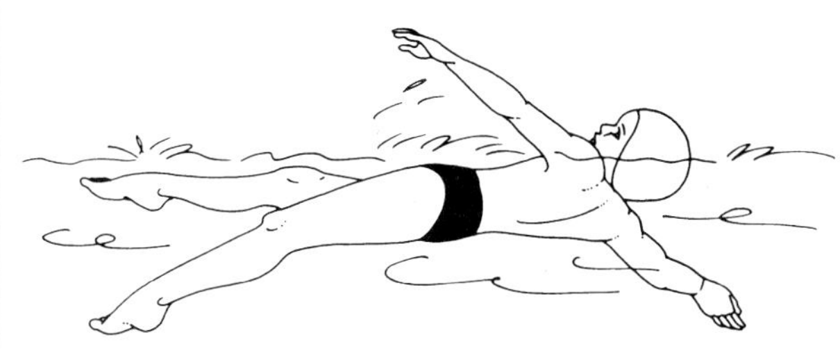

Atme ein, wenn du einen Arm aus dem Wasser hebst.

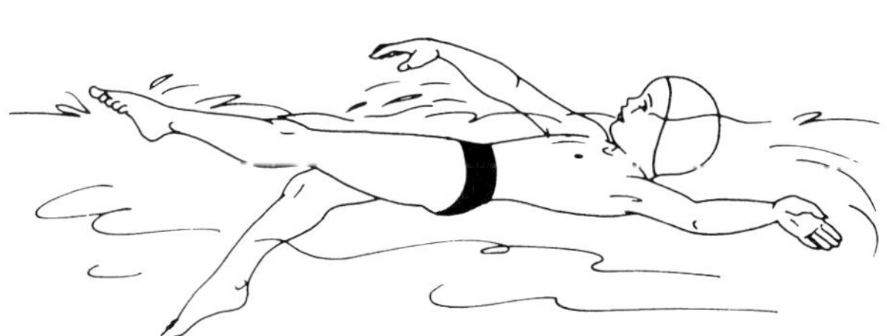

Atme aus, wenn du den anderen Arm aus dem Wasser hebst.

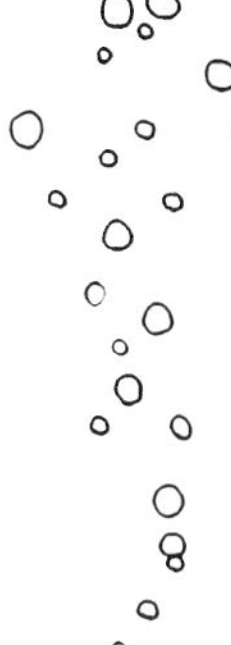

Brustschwimmen: Körperhaltung und Beinbewegung

 **Ziel**

Die Kinder sollen die Körperhaltung und Beinbewegung beim Brustschwimmen üben.

 **Material**

- bildliche Darstellung des Schwimmstils
- Gleitbretter

 **Übungen**

Körperhaltung

Bitten Sie die Kinder

- mit Hilfe von zwei Gleitbrettern ins Wasser zu gleiten (ein Gleitbrett unter jedem Arm);
- in Brustlage zu gleiten;
- sich so flach wie möglich zu halten;
- nach vorne zu schauen;
- die Schultern auf gleicher Höhe zu halten.

Vom Kopf zu den Füßen sollte ein leichtes Gefälle bestehen, damit der Schlag mit dem Fuß ganz unter Wasser ausgeführt werden kann.

Beinbewegung
aus der Brustlagen-Position

Bitten Sie die Kinder

- die Füße in Richtung Po zu ziehen;
- die Knie dabei schulterbreit zusammenzulassen;
- die Füße nach außen zu drehen;
- die Füße nun nach hinten wegzustoßen.

 **Übungen zur Vertiefung**

Die Kinder können

- diesen Schwimmzug auch in der Rückenlage üben. Dabei helfen zwei Gleitbretter, die jeweils unter einen Arm geklemmt werden.
- die Beinbewegung ohne Hilfe von Gleitbrettern üben.
- die Beinbewegung zusammen mit dem vollständigen Schwimmzug üben.

Halte unter jedem Arm ein Gleitbrett und gleite in der Brustlage.

Ziehe die Füße in Richtung Po.

Stoße die nach außen gedrehten Füße nach hinten weg.

Brustschwimmen: Armbewegung
– Übung für das flache Wasser

 ### Ziel

Die Kinder sollen die Armbewegung
beim Brustschwimmen entwickeln.

 ### Material

- bildliche Darstellung des Schwimmstils
- Gliederpuppe

 ### Übungen

Bitten Sie die Kinder

- sich ins Wasser zu stellen;
- das Kinn aufs Wasser zu legen;
- sich nach vorne zu beugen und die Arme
  nach vorne zu strecken;
- die Handflächen nach unten zu halten;
- die Handgelenke starr und die Hände
  etwa 15 cm unter Wasser zu halten;
- die Handflächen leicht nach außen zu drehen;
- die Arme nach unten und seitwärts zu ziehen;
  die Handgelenke bleiben dabei steif;

  *Während des Brustschwimmens werden
  die Arme nur so weit seitlich nach unten gezogen,
  dass man die eigenen Hände noch sehen kann.*

- die Arme zusammenzuführen und nach innen
  zu drücken, bis die Handflächen sich treffen;
- die Hände sanft nach vorne zu schieben,
  um in die gestreckte Position zurückzukommen.

  *Das ist ein kompletter Armkreis
  für das Brustschwimmen.
  „Ziehe mit den Händen große Kreise."*

 ### Übungen zur Vertiefung

Die Kinder können

- die Armbewegung üben, während sie
  im flachen Wasser gehen.
- die Armbewegung in Schwimmlage üben.

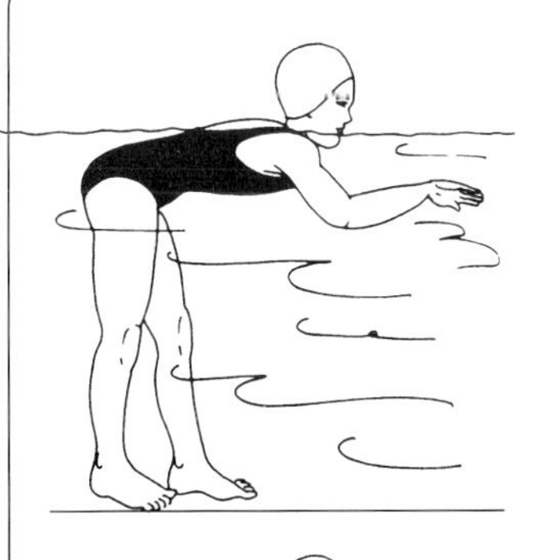

Stelle dich ins Wasser
und strecke die Arme
nach vorne.

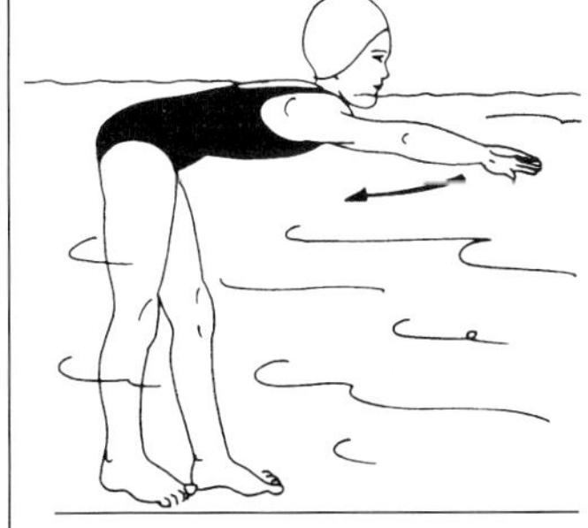

Halte die Handflächen
nach außen und drücke
die Arme seitlich nach
unten weg.

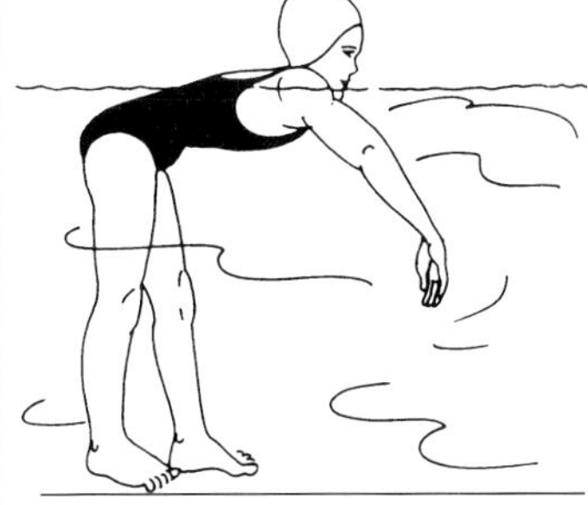

Lasse die Ellbogen
fallen, wenn sie
fast auf der Höhe
der Schultern sind.

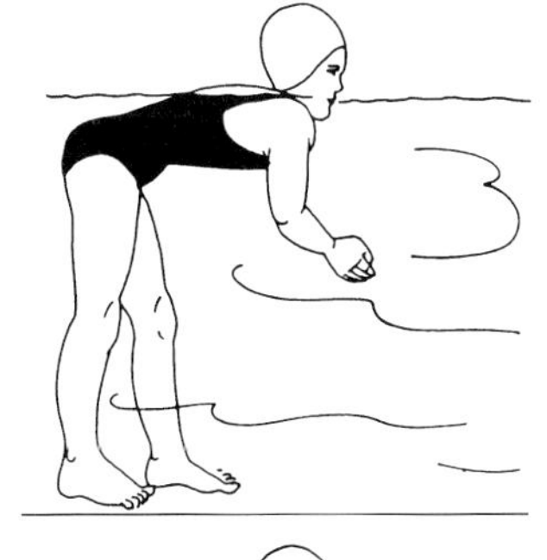

Drücke die Arme
zusammen, bis
die Handflächen
sich treffen.

Schiebe die Hände
nach vorne und
strecke sie wieder.

Brustschwimmen: Koordination von Atmung und Bewegungsablauf

 **Ziel**

Die Kinder sollen die Atmung und die Koordination
von Atemrhythmus und Bewegungsablauf
beim Brustschwimmen kennen lernen.

 **Material**

- bildliche Darstellung des Schwimmstils
- Gliederpuppe

 **Übungen**

Bitten Sie die Kinder

- die Arm- und Beinbewegungen zu kombinieren,
  um einen vollständigen Schwimmzug
  im Bruststil zu machen;
- nach jedem Zug zu gleiten;
- auszuatmen, wenn die Arme nach vorne
  in die ausgestreckte Position gleiten;
- einzuatmen, wenn die Schultern und der Kopf
  aus dem Wasser kommen.

*Bei jedem vollständigen Schwimmzug
sollten die Kinder sich auf die Abfolge
Ziehen – Stoßen – Gleiten konzentrieren.
Ermutigen Sie sie dann zum Ziehen + Atmen,
Stoßen + Gleiten. Sie müssen das Kinn
nach vorne schieben, um zu atmen.*

 **Übungen zur Vertiefung**

Die Kinder können

- das Atmen allein mit der Armbewegung üben,
  wenn sie in flachem Wasser gehen.
- den Schwimmzug unterbrechen (indem
  sie sich hinstellen, nachdem sie einen Zug
  bestehend aus *Stoßen – Gleiten – Aufstehen*
  gemacht haben).
- andere Kombinationen ausprobieren, wie z.B.
  Stoßen + Gleiten, Ziehen – Aufstehen oder
  Stoßen + Gleiten, Ziehen – Stoßen – Aufstehen.

Koordination von Atmung und Bewegungsablauf
beim Brustschwimmen mit vorheriger Gleitphase.

Vorwärtskraul: Körperhaltung und Beinbewegung

 Ziel

Die Kinder sollen die Körperhaltung und Beinbewegung beim Vorwärtskraul entwickeln.

 Material

- bildliche Darstellung des Schwimmstils
- Gliederpuppe

 Übungen

Körperhaltung

Bitten Sie die Kinder

- sich von der Beckenwand abzustoßen und vorwärts durch das Wasser zu gleiten (Brustlage);
- sich flach mit ausgestreckten Armen und in stromlinienförmiger Körperhaltung aufs Wasser zu legen;
- beim Gleiten das Wasser an der Stirn brechen zu lassen;
- nach unten und vorne zu schauen.

Beinbewegung

Bitten Sie die Kinder

- die gestreckten Beine aus der Hüfte abwechselnd auf und ab zu schlagen;
- die Gelenke locker zu halten, sodass die Fersen kleine Spritzer an der Wasseroberfläche produzieren.

 Übungen zur Vertiefung

Die Kinder können

- die Beinbewegung mit Hilfe von zwei Gleitbrettern üben, die sie unter je einen Arm klemmen.
- mit nur einem Gleitbrett und ausgestreckten Armen üben.
- die Strecke vergrößern, die sie gleiten.

Stoße dich von der Beckenwand ab und gleite in Brustlage durch das Wasser.

Schlage die Beine aus der Hüfte abwechselnd auf und ab.

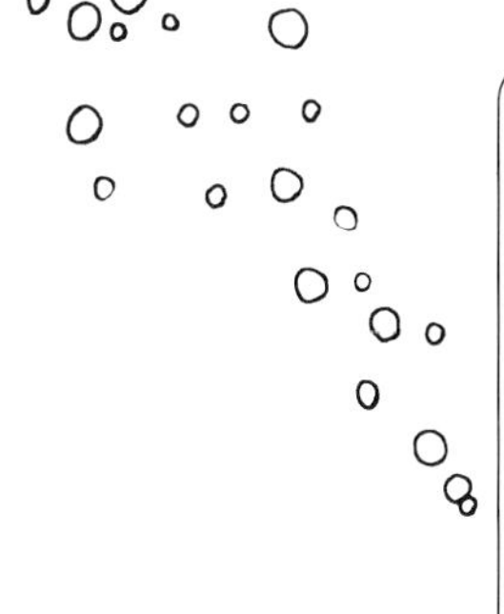

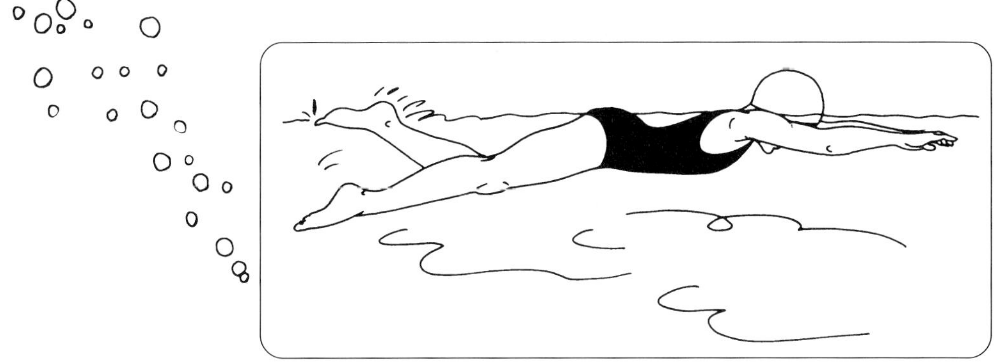

Halte die Gelenke locker, sodass die Fersen gerade eben durch die Wasseroberfläche stoßen.

Vorwärtskraul: Armbewegung

 ## Ziel

Die Kinder sollen die Armbewegung
beim Vorwärtskraul entwickeln.

 ## Material

- bildliche Darstellung des Schwimmstils
- Gliederpuppe

 ## Übungen

Bitten Sie die Kinder

- sich von der Beckenwand abzustoßen und
  vorwärts durch das Wasser zu gleiten (Brustlage);
- die Vorwärtskraul-Beinbewegung
  zu machen (S. 43);
- einen Arm auszustrecken und den anderen
  am Körper zu halten;
- den Arm zu wechseln, indem sie
  eine Vorwärtskraul-Armbewegung durchführen.

*Diese Übung wird über eine kurze Strecke
durchgeführt. Auf halber Strecke wird
der Arm gewechselt.*

*„Wenn eine Hand ins Wasser eintaucht,
kommt die andere aus dem Wasser heraus."*

„Die Fingerspitzen tauchen zuerst ins Wasser."

*„Führe deinen Arm unter Wasser
über die Mittellinie deines Körpers."*

*„Ziehe ihn unterhalb der Hüften
aus dem Wasser."*

*„Lasse den Daumen am Oberschenkel
entlangstreifen."*

*„Hebe den Ellbogen zuerst aus dem Wasser
und führe die Hand bis zur Hüfte."*

 ## Übungen zur Vertiefung

Die Kinder können

- die Armbewegung üben, während sie
  in flachem Wasser stehen.
- mit Hilfe eines Armzugs die zurückgelegte
  Distanz vergrößern.
- die Anzahl der Armkreise vergrößern.

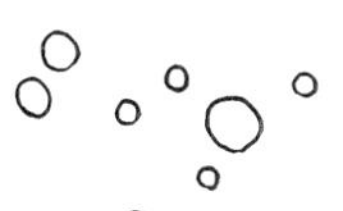

**Strecke einen Arm aus und
halte den anderen Arm am Körper.**

**Ziehe den einen Arm unter Wasser und
den anderen über Wasser.**

**Die Fingerspitzen des leicht gebeugten Arms
sollten zuerst ins Wasser tauchen.**

Vorwärtskraul: Koordination von Atmung und Bewegungsablauf

 **Ziel**

Die Kinder sollen die Atmung und die Koordination von Atemrhythmus und Bewegungsablauf beim Vorwärtskraulen entwickeln.

 **Material**

- Gleitbretter
- Gliederpuppe

 **Übungen**

Bitten Sie die Kinder

- sich ins Wasser zu stellen und mit einer Hand an der Überlaufrinne festzuhalten. Der Arm ist etwas angewinkelt.
- die andere Hand an die Hüfte zu legen;

  Das Gesicht sollte dabei das Wasser berühren.

- das Gesicht zu dem Arm zu wenden, dessen Hand an der Hüfte anliegt;
- einzuatmen;
- das Gesicht wieder ins Wasser zu legen;
- im Wasser auszuatmen;
- sich dann mit der Brust aufs Wasser zu legen (Brustlage);
- Bein- und Armbewegung des Vorwärtskrauls zu kombinieren;
- das Gesicht zum Ellbogen zu wenden, der aus dem Wasser schaut;
- den Kopf so hoch zu heben, dass der Mund aus dem Wasser kommt;
- einzuatmen;
- das Gesicht wieder ins Wasser zu legen und während eines Beinschlags auszuatmen.

 **Übungen zur Vertiefung**

Die Kinder können

- das Atmen üben, während sie ein Gleitbrett vor sich festhalten.
- während eines vollständigen Kraulzugs nur einmal atmen.
- die Koordination von Atemrhythmus und Bewegungsablauf üben, indem sie einen vollständigen Schwimmzug über eine festgesetzte Distanz zurücklegen.

Ermutigen Sie zu regelmäßigem Atmen.

Drehe das Gesicht zum Ellbogen, der aus dem Wasser schaut und atme ein.

Atme langsam im Wasser aus, wenn ein Arm nach vorne kommt.

SCHWIMM-SCHULE
© Verlag an der Ruhr
Postfach 10 22 51
45472 Mülheim an der Ruhr
www.verlagruhr.de

Ruderbewegungen vorwärts und auf der Stelle

 **Ziel**

Rückenlage: Die Kinder sollen Vertrauen zu sich und dem Wasser sowie Überlebenstechniken entwickeln.

 **Material**

- Musik (Tamburin, Trommel)
- Gliederpuppe

 **Übungen**

Ruderbewegungen vorwärts

Bitten Sie die Kinder

- sich so flach wie möglich mit dem Rücken aufs Wasser zu legen (Rückenlage);
- die ausgestreckten Beine ruhig und gerade zusammenzuhalten;
- die Arme so nah wie möglich am Körper zu halten;
- die Handinnenflächen nach außen zeigen zu lassen;
- die Hände erst kraftvoll nach außen zu drücken und dann wieder nach innen heranzuziehen.

Ruderbewegungen auf der Stelle

Bitten Sie die Kinder

- sich so flach wie möglich mit dem Rücken aufs Wasser zu legen (Rückenlage);
- die ausgestreckten Beine ruhig und gerade zusammenzuhalten;
- die Arme so nah wie möglich am Körper zu halten;
- die Handinnenflächen zum Beckenboden zeigen zu lassen;
- die Hände erst nach oben und dann nach unten zu drücken.

 **Übungen zur Vertiefung**

Die Kinder können

- die zurückgelegte Strecke oder die Dauer vergrößern.
- eine Bewegungsabfolge zum Rhythmus von Musik oder Trommelschlägen entwickeln.
- mit anderen Techniken kombinieren.

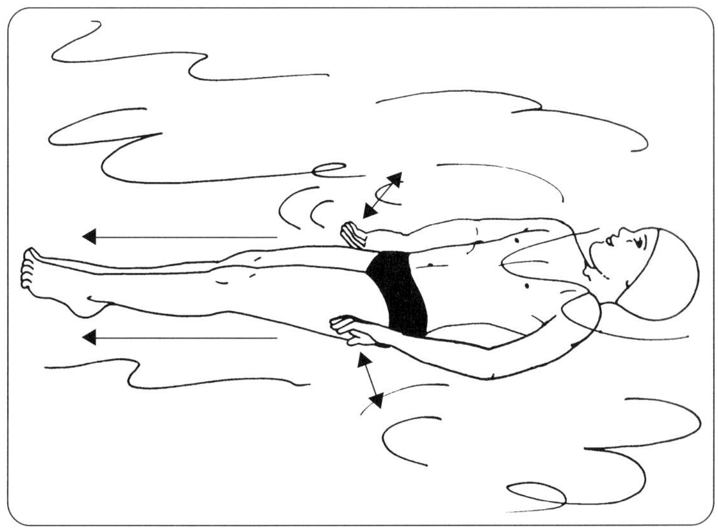

Ruderbewegung vorwärts:
Drücke die Hände kraftvoll nach außen
und dann wieder nach innen.

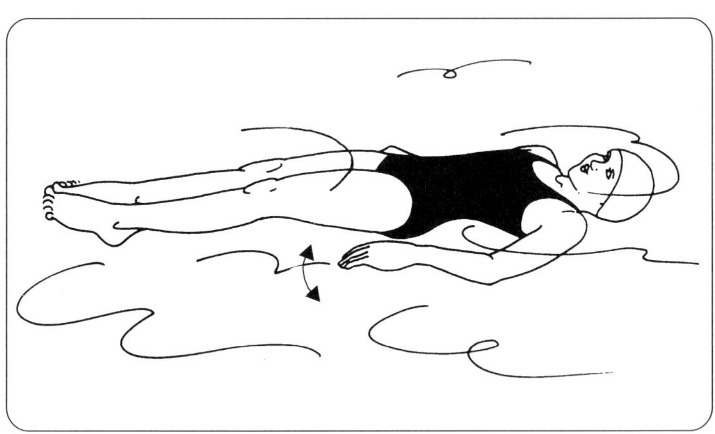

Ruderbewegung auf der Stelle:
Drücke die Hände nach unten und nach oben.

Wassertreten

Ziel

Die Kinder sollen eine Überlebenstechnik lernen, mit deren Hilfe sie sich in aufrechter Position, mit dem Kopf über Wasser halten können.

Material

- Schwimmhilfen, falls erforderlich
- bildliche Darstellung der Technik
- Gliederpuppe

Übungen

Verteilen Sie Gleitbretter oder Schwimmflügel, falls erforderlich. Die Kinder sollten nur eine kurze Zeit wassertreten. Erlauben Sie ihnen eine Pause, wenn sie müde werden.

Bitten Sie die Kinder

- in der Nähe des Beckenrands eine aufrechte Haltung einzunehmen;
- sich durch kreisende Ruderbewegungen der Hände aufrecht zu halten (S. 46);
- die Hände nach unten zu drücken;
- die Handflächen nach unten zeigen zu lassen;
- den Kopf über Wasser zu halten;

   „Stell dir vor, du kehrst mit den Händen Mehl auf einem Tisch zusammen."

- die Knie wie ein Frosch vom Körper wegzuspreizen;
- abwechselnd die Füße in Richtung Beckenboden zu stoßen.

   Der Kopf des Kindes bleibt über Wasser.

Übungen zur Vertiefung

Die Kinder können

- verschiedene Beinbewegungen machen: „Fahrrad fahren" oder „Wechselschlag".
- abwechselnd die Arm- oder Beinbewegung einstellen, um einen Unfall zu simulieren und dann wieder Wassertreten, um die Bewegungen wieder zu kontrollieren.
- die Dauer des Wassertretens verlängern.

Halte die Handflächen nach unten und den Kopf über Wasser.

„Wassertreten" mit wechselndem Beinschlag.

„Fahrrad fahren"

„Wechselschlag"

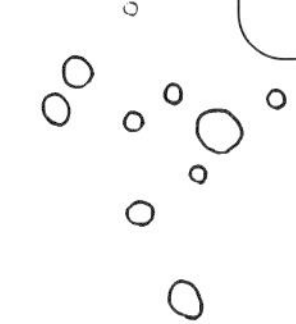

Tieferes Tauchen mit den Füßen voran

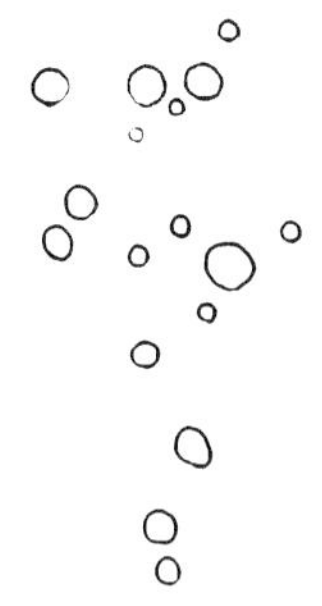

 **Ziel**

Die Kinder lernen mit den Füßen voran zu tauchen.

 **Material**

- Tauchgegenstände (Wurfring, Plastikringe, Spielfiguren)

 **Übungen**

Bitten Sie die Kinder

- Wasser zu treten (S. 47);
- auf „drei" kräftig mit den Beinen zu stoßen;
- zu versuchen den Körper so weit wie möglich aus dem Wasser zu heben;
- ins Wasser zu tauchen und dabei die Arme am Körper und die Beine ruhig und zusammenzuhalten;
- wenn der Körper sinkt, die Hände nach oben zu drücken, um den Abtrieb zu unterstützen;
- sich zusammenzukauern und dann nach vorn in Schwimmposition zu lehnen;
- wieder zur Wasseroberfläche zu kommen.

 **Übungen zur Vertiefung**

Die Kinder können

- üben, beim Tauchen die Hände über den Kopf zu strecken.

  Das unterstützt den Abtrieb.

- üben zur Oberfläche zu gleiten.
- üben sich mit den Füßen vom Beckenboden abzustoßen und zur Oberfläche zu stoßen.
- nach Gegenständen tauchen.

Springe mit einem kräftigen Stoß hoch aus dem Wasser.

Halte die Arme am Körper und die Beine zusammen. Tauche mit den Füßen zuerst ein.

Rolle dich zusammen, beuge dich nach vorne und strecke dich dann wieder in die Schwimmposition.

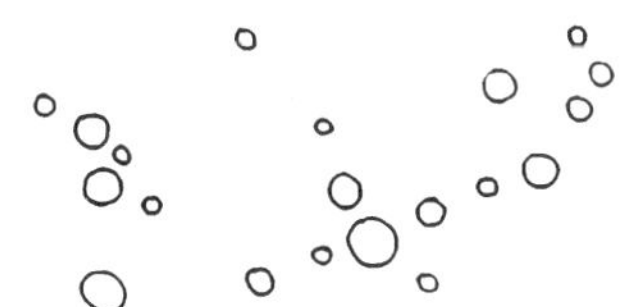

Tieferes Tauchen
mit dem Kopf voran

 ## Ziel

Die Kinder sollen lernen
mit dem Kopf voran zu tauchen.

 ## Material

- Tauchgegenstände (Wurfring,
  Plastikringe, Spielfiguren)

 ## Übungen

Bitten Sie die Kinder

- in Brustlage zu gleiten;
- einen langen Brust-Schwimmzug
  mit den Armen zu machen;
- sich in der Hüfte zu beugen;
- Po und Beine aus dem Wasser zu heben;
- sich mit den Armen nach vorne zu drücken;

  *Das verhindert einen Überschlag und hilft
  in der vertikalen Position zu bleiben.*

- mit dem Kopf zuerst einzutauchen
  und sich nach unten zu strecken;
- sich zusammenzurollen, die Hände über
  den Kopf zu strecken und an die Oberfläche
  zurückzukommen.

  *Das Gewicht des Unterkörpers sollte bewirken,
  dass die Kinder zwangsläufig mit dem Kopf
  zuerst eintauchen.*

 ## Übungen zur Vertiefung

Die Kinder können

- im flachen Wasser Handstand üben.
- üben zur Wasseroberfläche zu gleiten.
- sich mit den Füßen vom Beckenboden abstoßen
  und an die Oberfläche stoßen.
- nach Gegenständen tauchen.
- das Tauchen mit dem Kopf voran
  während des Schwimmens üben.

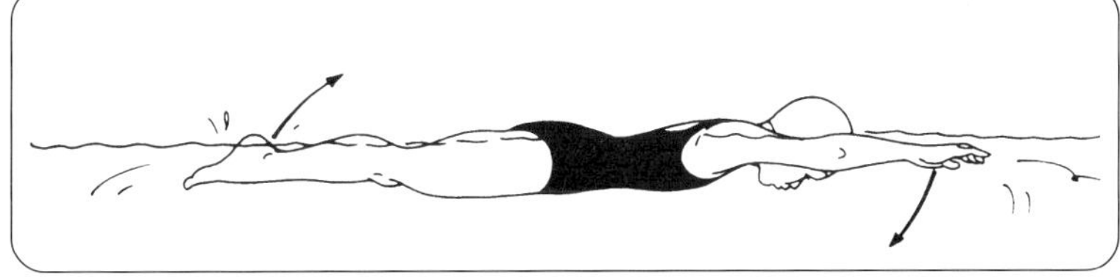

Gleite in Brustlage.

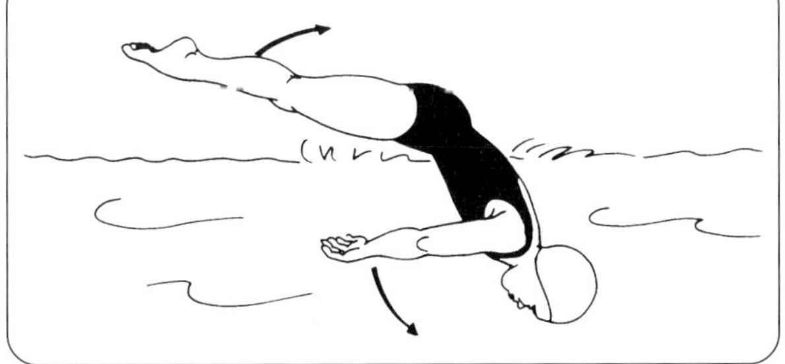

Mache einen weiten Brust-Schwimmzug
und tauche mit dem Kopf zuerst unter.

Strecke dich mit den Armen voran
bis nach unten zum Beckenboden.

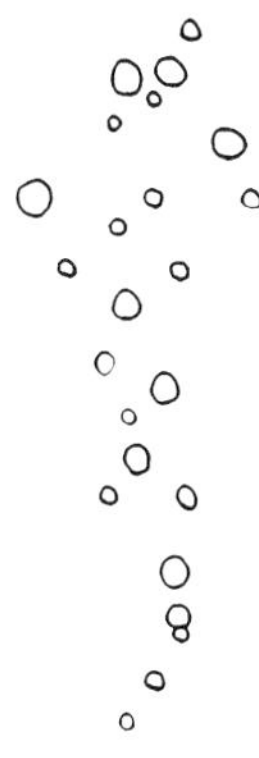

SCHWIMM-SCHULE
© Verlag an der Ruhr
Postfach 10 22 51
45472 Mülheim an der Ruhr
www.verlagruhr.de

Schwimmplan für Schüler

 **Ziel**

Eine Möglichkeit zu selbstständigem Lernen schaffen, durch das die Kinder ihren Schwimmstil, die Geschwindigkeit und Kondition verbessern.

 **Material**

- Stoppuhr, Schülerplan (S. 51), Klemmbrett, Stift

 **Übungen**

Bitten Sie die Kinder

- Übungen aus der folgenden Tabelle auszusuchen;

 **Übungen zur Vertiefung**

Die Kinder können

- ihre Erfolge auf einem Poster festhalten.
- sich selbst Ziele zur Verbesserung setzen.
- selbst mögliche Kombinationen ausprobieren.

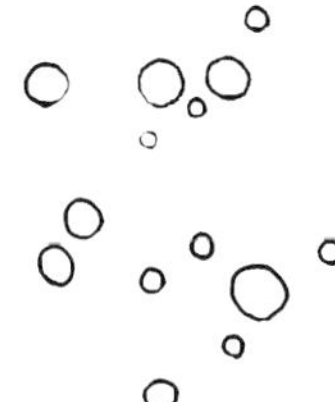

Vollständiger Schwimmzug	Vorwärtskraul	Rückwärtskraul	Brustschwimmen
Teilübung	Beinbewegung Armbewegung	Beinbewegung Armbewegung	Beinbewegung Armbewegung
Kombination mit anderen Teilübungen	z.B. mit Beinbewegung: Brustschwimmen	z.B. mit Beinbewegung: Brustschwimmen	z.B. mit Armbewegung: Vorwärtskraul

- eine Entfernung auszusuchen, über die sie diese Übungen machen wollen;

  z.B. über die Länge oder Breite des Beckens. (Die Entfernung sollte aber leicht zu bewältigen sein, den Fähigkeiten entsprechen und sich auch wiederholen lassen.)

- mit Ihnen zu diskutieren: Wie oft glauben die Kinder die Übungen wiederholen zu können?
- sich Ziele zu setzen, die sie anstreben;
- über Pausen nachzudenken und darüber, wie lange sie brauchen, um sich zwischen den einzelnen Wiederholungen der Übungen erholen zu können. *Die Schülerpläne sind auf die einzelnen Schüler zugeschnitten. Die Schüler tragen in die Tabelle (S. 51) ein, wie viele Wiederholungen sie tatsächlich geschwommen sind. Das ist dann das Ziel für die nächste Stunde. Die Übungen zu den Schwimmzügen werden während des gesamten Plans beibehalten, die Länge der Pausen kann geändert werden.*

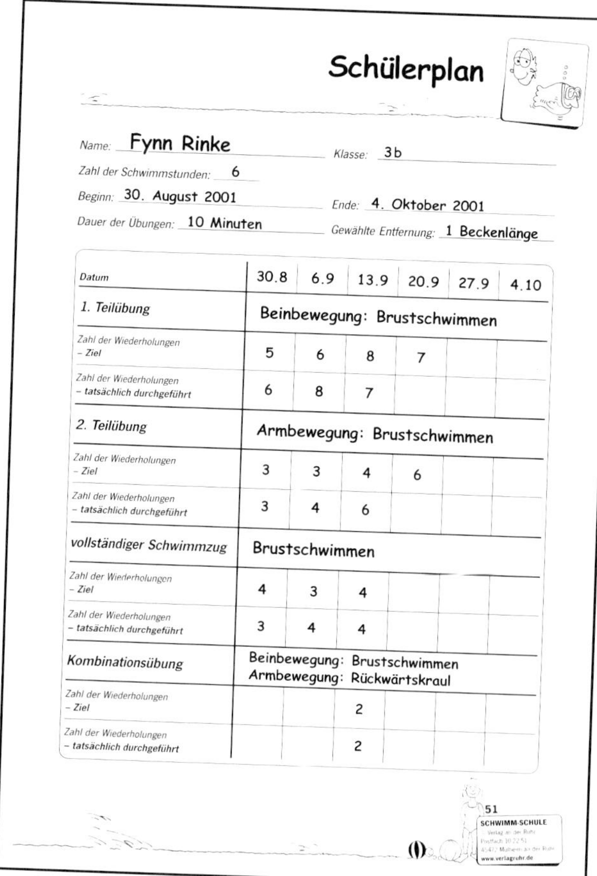

Schülerplan

Name: **Fynn Rinke** Klasse: **3 b**

Zahl der Schwimmstunden: **6**

Beginn: **30. August 2001** Ende: **4. Oktober 2001**

Dauer der Übungen: **10 Minuten** Gewählte Entfernung: **1 Beckenlänge**

Datum	30.8	6.9	13.9	20.9	27.9	4.10
1. Teilübung	Beinbewegung: Brustschwimmen					
Zahl der Wiederholungen – Ziel	5	6	8	7		
Zahl der Wiederholungen – tatsächlich durchgeführt	6	8	7			
2. Teilübung	Armbewegung: Brustschwimmen					
Zahl der Wiederholungen – Ziel	3	3	4	6		
Zahl der Wiederholungen – tatsächlich durchgeführt	3	4	6			
vollständiger Schwimmzug	Brustschwimmen					
Zahl der Wiederholungen – Ziel	4	3	4			
Zahl der Wiederholungen – tatsächlich durchgeführt	3	4	4			
Kombinationsübung	Beinbewegung: Brustschwimmen Armbewegung: Rückwärtskraul					
Zahl der Wiederholungen – Ziel			2			
Zahl der Wiederholungen – tatsächlich durchgeführt			2			

Beispiel für einen Schülerplan

Schülerplan

Name: ___________________________ Klasse: ___________________________

Zahl der Schwimmstunden: _________

Beginn: ___________________________ Ende: ___________________________

Dauer der Übungen: ___________________________ Gewählte Entfernung: ___________________________

Datum						
1. Teilübung						
Zahl der Wiederholungen – Ziel						
Zahl der Wiederholungen – tatsächlich durchgeführt						
2. Teilübung						
Zahl der Wiederholungen – Ziel						
Zahl der Wiederholungen – tatsächlich durchgeführt						
vollständiger Schwimmzug						
Zahl der Wiederholungen – Ziel						
Zahl der Wiederholungen – tatsächlich durchgeführt						
Kombinationsübung						
Zahl der Wiederholungen – Ziel						
Zahl der Wiederholungen – tatsächlich durchgeführt						

Anhang

Internetadressen für den Schwimmunterricht:

- **www.dlrg.de/Gliederung/ Westfalen/Steinfurt/ Lengerich/lehrer_ausb.html**
  Infos zur Rettungsfähigkeit für LehrerInnen, Erlass des Kultus- ministeriums NRW

- **www.unfallkassen.de**
  Homepage des Bundesverbands der Unfallkassen

- **www.ogburscheid.de/ AusUndWeiterbildung/ Information/Schul- schwimmen**
  Informationen zur Sicherheit im Schulschwimmen

- **www.dlrg.de/Gliederung/ Westfalen/Lippe/ Oerlinghausen/ baderegeln.html**
  Illustrierte Auflistung von Baderegeln

- **www.svl.ch/ svlimmat_ratind.html**
  Tipps zur Schwimmtechnik und Trainingslehre und Informatio- nen zu allgemeinen Gebieten des Schwimmsports, Ernährung im Sport und zur Medizin, Gesundheit und Wissenschaft

- **www.dsv.de**
  Homepage des „Deutschen Schwimmverband e.V."

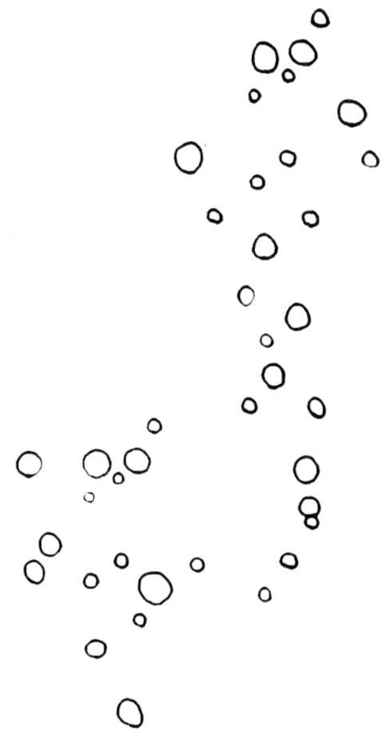

Literatur für den Schwimmunterricht:

1001 Spielformen und Übungs- formen im Schwimmen.
Red.: Walter Bucher. Reihe Spiel- und Übungsformen. 8. Aufl. 1998. 258 S. mit zahlr. Zeichn. und Fotos. HOFMANN, SCHORNDORF. ISBN 3-7780-6217-4

Durlach, Frank-Joachim:
Erlebniswelt Wasser, Spielen, Bewegen, Schwimmen. Handrei- chung zum Schwimmen mit Kindern im Vorschulalter und Grundschulalter, 3. Aufl. 2000. 151 S. m. 43 Abb. HOFMANN, SCHORNDORF. ISBN 3-7780-3342-5

Hahmann, Heinz; Schneider, Franz:
Schwimmenlernen. Differenzierte Übungsformen und Spielformen. Lernen im Sportunterricht der Primar- stufe. (Schriftenreihe zur Praxis der Leibeserziehung und des Sports), 3. Aufl. 1996. 128 S. m. 84 Abb. HOFMANN, SCHORNDORF. ISBN 3-7780-9613-3

Heinrich, Wolfgang:
Spielerische Wassergewöhnung im Anfängerunterricht. Bedeutung, Wirkung und Durchführung der Wassergewöhnung, dargestellt in einer Unterrichtseinheit für die schulische Praxis. (Schriftenreihe zur Praxis der Leibeserziehung und des Sports), 6. Aufl. 1995. 68 S. m. zahlr. Zeichn. u. Fotos. HOFMANN, SCHORNDORF. ISBN 3-7780-5386-8

Lewin, Gerhard:
Schwimmen kinderleicht.
Ein Ratgeber für Eltern, Schule und Verein. (Ullstein Sport). 1994. Mit 91 Zeichn. SPORTVERLAG. ISBN 3-548-27632-6

Reischle, Klaus; Unger, Peter:
Schwimmen. Bewegungen lernen, Trainieren, Spielen. Spezielle Didaktik der Sportarten. 2000. 182 S. mit 60 Abb. DIESTERWEG – SAUERLÄNDER. ISBN 3-425-05627-1

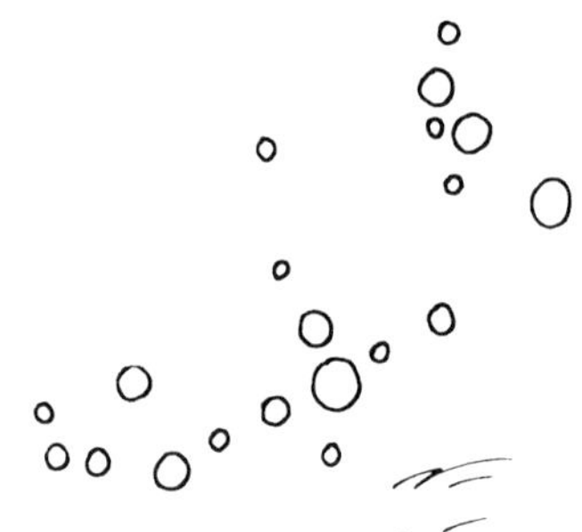

Verlag an der Ruhr

www.verlagruhr.de

Thomas Lechner
Tina Schlemmer

Richtig hinschauen, genau lesen

Ab Kl. 2, 50 S., A4, Papph.
ISBN 3-86072-590-4
Best.-Nr. 2590
17,- € [D]/17,50 € [A]/29,80 CHF

Ulrich Nellessen, Monika Humpert
Mehr Bewegung im Unterricht

Ab Kl. 2, 79 S., A4, Papph.
ISBN 3-86072-491-6
Best.-Nr. 2491
18,60 € [D]/19,15 € [A]/32,60 CHF

Uta Stücke
Konzentrationstraining im 1. und 2. Schuljahr

Kl. 1/2, 121 S., A4, Pb.
ISBN 3-86072-442-8
Best.-Nr. 2442
20,40 € [D]/21,– € [A]/35,70 CHF

Monika Schneider (Idee/Texte),
Ralph Schneider (Musik/Geräusche),
Dorothee Wolters (Illustr.)
Bewegen und Entspannen nach Musik

Kiga/GS, 56 S., 21 x 22 cm, Pb.,
illustr. Anleitungsbuch und CD
ISBN 3-86072-150-X
Best.-Nr. 2150
20,40 € [D]/21,– € [A]/35,70 CHF

Köpfchentraining
Bewegung
Entspannung

Iris Odenthal, Karolin Willems
10 Minuten Kopfrechen-Training

Eine Kartei, mit der die Kinder Rechentricks lernen, ihre
Grundkenntnisse vertiefen und das Kopfrechnen üben können.
Alle Tricks sind anschaulich, mit Beispielen erklärt.

Almuth Bartl,
Dorothee Wolters (Illustr.)
Fun-Olympics
Sport- und Spaßspiele für alle
5–99 J., 94 S., 18,5 x 23,5 cm,
Hardcover, vierfarbig
ISBN 3-86072-445-2
Best.-Nr. 2445
15,30 € [D]/
15,70 € [A]/26,80 CHF

Dianne Schilling
Soziales Lernen in der Grundschule

Ab Kl. 1, 144 S., A4, Pb.
ISBN 3-86072-489-4
Best.-Nr. 2489
18,60 € [D]/
19,15 € [A]/32,60 CHF

Addition und Subtraktion
100–1.000.000
Ab Kl. 3, 40 S., A4, Papph.
ISBN 3-86072-417-7
Best.-Nr. 2417
14,80 € [D]/
15,20 € [A]/25,90 CHF

Multiplikation und Division
Ab Kl. 3, 40 S., A4, Papph.
ISBN 3-86072-418-5
Best.-Nr. 2418
14,80 € [D]/
15,20 € [A]/25,90 CHF

Verlag an der Ruhr

Bücher für die
pädagogische Praxis

Postfach 10 22 51 • D–45422 Mülheim an der Ruhr
Tel.: 02 08/49 50 40 • Fax: 02 08/49 50 495
E-Mail: info@verlagruhr.de

Verlag an der Ruhr

www.verlagruhr.de

Petra Mönning,
Silke Schwetschenau,
Karolin Willems
Die Wetter-Werkstatt
Ab Kl. 3, 76 S., A4, Papph.
ISBN 3-86072-676-5
Best.-Nr. 2676
19,50 € [D]/20,00 € [A]/34,20 CHF

Barbara Schubert
**Leonardo da Vinci
für Kinder**
Eine Werkstatt
Ab Kl. 3, 61 S., A4, Papph.
ISBN 3-86072-603-X
Best.-Nr. 2603
18,40 € [D]/18,90 € [A]/32,20 CHF

Kathrin Zindler,
Stefanie Wieringer,
Alexandra Kommescher
**Mäuse, Money
und Moneten**
Eine Werkstatt zum Geld
Kl. 3-4, 53 S., A4, Papph.
ISBN 3-86072-665-X
Best.-Nr. 2665
16,00 € [D]/16,45 € [A]/28,00 CHF

Stephanie Cech
Die Hunde-Werkstatt
Ab Kl. 2, 53 S., A4, Papph.
ISBN 3-86072-475-4
Best.-Nr. 2475
16,– € [D]/16,45 € [A]/28,00 CHF

fächerübergreifend   kreativ   lernen

Laurie Carlson
**Der wahre
Wilde Westen**
8–11 J., 150 S., A4-quer, Pb.
ISBN 3-86072-567-X
Best.-Nr. 2567
19,60 € [D]/20,15 € [A]/34,30 CHF

Jackie Silberg
**Aber ich kann doch
gar nicht singen!**
Ab Kl.1, 175 S., 16 x 23 cm, Pb.
ISBN 3-86072-444-4
Best.-Nr. 2444
15,30 € [D]/15,70 € [A]/26,80 CHF

Laurie Carlson
**Wie die Indianer
wirklich lebten**
8–11 J., 190 S., A4-quer, Pb.
ISBN 3-86072-566-1
Best.-Nr. 2566
19,60 € [D]/20,15 € [A]/34,30 CHF

Jakobine Wierz
**Aber ich kann doch
gar nicht malen!**
Ab Kl.1, 177 S., 16 x 23 cm, Pb.
ISBN 3-86072-562-9
Best.-Nr. 2562
15,30 € [D]/15,70 € [A]/26,80 CHF

Verlag an der Ruhr

Postfach 10 22 51 • D–45422 Mülheim an der Ruhr
Tel.: 02 08/49 50 40 • Fax: 02 08/49 50 495
E-Mail: info@verlagruhr.de

**Bücher für die
pädagogische Praxis**